W0213641

Silvia Lanig

Kids KOCHEN ihre Lieblingsessen

Dieses Buch gehört:

Hallo Kids,

Kids in eurem Alter haben mir ihre Lieblingsessen verraten. Dann haben wir noch eine Umfrage bei unseren Gästekindern gemacht und dabei sind die in diesem Buch vorgestellten Kinderessen herausgekommen. Eine Hitparade der beliebtesten Kindergerichte mit den Rezepten, von Kindern für Kinder gemacht. Wir haben Schritt für Schritt und das Endprodukt am Schluss fotografiert. Damit ihr seht, wie es aussehen soll. Lest zuerst die ersten Seiten durch. Nun kann es losgehen. Wenn ihr etwas nicht versteht, fragt eure Mami, Papi, Oma oder mich. Dann schreibt ihr mir einfach eine Karte. Viel Spaß beim Kochen und Essen! Eure

Silvia Lanig

Liebe Kinder, liebe Mamis, Papis, Omas, Opas, Tanten, Onkel und Freunde,

Kochen macht Spaß. Und mit Kindern kochen macht besonders viel Spaß. Vor allem den Kindern, aber auch den Älteren, die ihnen dabei helfen. Meine Enkelkinder haben mir immer beim Kochen helfen dürfen. Vor allem in den Ferien, da haben wir so richtig Zeit dazu gehabt. Schon das Einkaufen hat Spaß gemacht. Zuerst haben die Kinder nur gewürzt, geknetet, gebacken und Salate gemacht, dann aber schon bald durften sie Essen selbst kochen. So, wie die Kinder es gerne haben – nicht so, wie wir es wollen. Kinderleichte Kinderküche. Die Kinderrezepte sind so einfach, dass Kinder ab 3 Jahren die Gerichte in diesem Kochbuch selbst zubereiten können. Und selbst gekocht schmeckt es nochmals besser.

Statt Fastfood mit Chips, fettigen Fritten, Wurst, Schokoriegeln und Keksen kreierten wir nahrhafte Gerichte, bei denen nicht gleich wieder Hunger aufkommt – vitaminreiches Gemüse und Salate, die selbst von Kindern, die „ igitt“ sagen, gerne gegessen werden.

Die Kinder haben alle Gerichte selbst gekocht und anschließend auch selbst mit Genuss gegessen. Die Kids haben auf dem großen Herd und auf dem Kinderherd gekocht, oder auch mit Kinderpfannen auf dem großen Herd. Wir haben sie alle dabei fotografiert. Schritt für Schritt. Und alles hat einen Riesenspaß gemacht. Victoria fragt immer wieder: „Wann spielen wir wieder kochen?“ Ihr Rührei schmeckt besonders lecker. Tom macht den besten Risotto und Stella den besten Apfelkuchen („Wähe“ in der Schweiz).

Hier lernst du kochen, Schritt für Schritt. Wage auch du dich an den Herd. Bald bist du selbst ein großer kleiner Chef. Ganz klar, dass du erst etwas Übung brauchst, doch je öfter du ein Gericht kochst, umso besser wird es. Alles im Leben ist eine Sache der Übung! Traue dich, lass dir zu Beginn noch helfen. Mit etwas Erfahrung schaffst du es nachher alleine. Wir haben die Gerichte in Schwierigkeitsgrade eingeteilt. Beginne mit 1 = leicht, dann 2 = mittel und erst wenn du Übung hast 3 = schwieriger. Mit Mami oder Oma, die dir helfen, kannst du auch diese sofort schaffen.

Oben in der Farbleiste findest du auch alle Geräte, die du für die Gerichte brauchst. Richte dir diese zuerst her, dann die Zutaten. Wasche dir die Hände, bevor du mit dem Rüsten, Backen und Braten anfängst. Binde dir eine Schürze um oder zieh ein Kochshirt an. Lass dir nochmals den Herd und Backofen erklären und frage immer ältere Freunde, Geschwister, Eltern oder Omas, wenn du mit etwas unsicher bist. Bei gewissen Schritten haben wir das Vorsicht-Zeichen oder den „Lass-dir-helfen-Handschuh“ angefügt.

Viel Spaß beim Kochen und Genuss beim Essen wünschen dir

Silvia Lanig mit Stella, Tom und Victoria

Und jetzt noch für die Erwachsenen:
Geben Sie Ihr Wissen, die Freude am Essen, an Nahrungsmitteln und Esskultur an die Kinder weiter. Kaufen Sie zusammen mit ihnen hochwertige Zutaten ein. Begeistern Sie Ihre Kinder für alle Aspekte des Essens. Vermitteln Sie ihnen die Lust an guten und qualitativ hochwertigen Gerichten. Lassen Sie die Kinder alle Speisen probieren, auch scharf gewürzte, asiatische, Krabben oder Lammkoteletts. Sie werden erstaunt sehen, was den Kindern alles schmeckt und wie sie leidenschaftlich die Knochen abnagen.
Kaufen Sie mit den Kindern nur frische Produkte ein. Wenn Sie auf dem Land wohnen, holen Sie die Produkte vom Bauernhof. Zeigen Sie den Kindern Gewürze, wie was wächst und beantworten Sie all die vielen Fragen, die die Kinder stellen. In diesem Buch habe ich eine große Anzahl der am häufigsten gestellten Fragen bei den einzelnen Themen beantwortet. Lesen Sie es den Kleinen vor. Und nun viel Vergnügen beim Experimentieren und Kochen!

Wir sind ...

... Tom, Stella und Victoria und wir kochen für euch. Kochen macht Spaß und ist ganz einfach. Probiert's doch mal aus!

Tom, 5

Ich bin Tom. Ich esse sehr gerne und eigentlich fast alles. Am liebsten mag ich Eis, Risotto, Spaghetti Bolognese, Pizza und Salate. Aber gar nicht Penne oder Spinat. Igitt! Kochen macht mir riesig Spaß, vor allem mit Mami und Oma. Ich kann es auch schon ganz gut. Meine Hobbys sind Fußball, Skifahren, Tauchen, Golfen, Baggerfahren und Fischen. Wenn ich groß bin, will ich Hubschrauberpilot oder Fischer werden und einen Bauernhof mit ganz vielen Tieren haben.

Stella, 9

Ich finde kochen ganz toll. Meine Lieblingsessen sind Butternudeln, Schnitzel, Geschnetzeltes, Pfannkuchen und Tünklisalat. Backen kann ich auch sehr gut. Alle fragen immer: „Stella, bäckst du uns einen Kuchen?“ Meine Hobbys sind Reiten, Pferde, dann Langlaufen, Skifahren, Schwimmen, Radeln, Leichtathletik und überhaupt Sport. Ich lese sehr gerne, vor allem Pferdegeschichten. Wenn ich groß bin, will ich Reitlehrerin werden oder Tierärztin.

Victoria, 3

Auch wenn ich erst drei Jahre alt bin, darf ich schon mitkochen. Auf meinem Kinderherd ist ein Aufkleber mit Victoria drauf. Ich darf aber auch auf dem großen Herd kochen. Ich esse fast alles, am liebsten Brokkoli, Hackfleisch, Nudeln, Pfannkuchen, Kartoffeln, Rührei und Schokoladenkuchen. Meine Hobbys sind Basteln, Skifahren, Computer, Reiten und meine Katze Sunny. Ich spiele gerne Uno und Memory. Ich weiß noch nicht, was ich mal werden will, vielleicht Köchin oder Reitlehrerin.

Inhalt

An den Farben könnt ihr immer leicht erkennen, was ihr hier kochen könnt: gelb ist zum Beispiel alles aus Eiern, violett sind Kartoffeln, grün Salate und Gemüse, rot Pizza und so weiter. Und auf alle eure Fragen gibt es Antworten: „Wer hat die Nudeln erfunden?“ oder „Warum wird ein Ei beim Kochen hart?“

Ratgeber
Seite 02–13

Ei, Ei, Ei
Seite 14–25

Pasta
Seite 26–39

Kartoffel
Seite 40–53

Pizza, Pizza, Pizza
Seite 54–63

Gemüse & Salate
Seite 64–77

Fleisch & Fisch
Seite 78–95

süß–sauer–salzig–bitter
Seite 96–107

Zuckerbäckerei
Seite 108–125

Kids kochen ihre Lieblingsgerichte
Seite 126–128

Tipps & Hinweise

Kochen macht Spaß. Pass aber auf, dass du dich an der heißen Herdplatte nicht verbrennst, dass heißes Öl oder heißes Wasser dich nicht anspritzt, du dich nicht am Backofen verbrennst und dass du dich beim Rüsten mit dem scharfen Messer nicht schneidest. Deshalb liest du am besten unsere Hinweise und Tipps genau durch – oder lass sie dir vorlesen.

TIPP obere Leiste:

1 = leicht 2 = mittel 3 = schwieriger

Dies sind die Schwierigkeitsgrade der verschiedenen Gerichte.

= Dieses Zeichen findest du überall, wo du eine erwachsene Person um Hilfe bitten solltest oder wo eine ältere Person dabei sein sollte, um dir zur Hand zu gehen.

= Gib Acht, hier musst du besonders aufpassen, weil du ein scharfes Messer brauchst oder am heißen Herd arbeitest.

= Auch für das Kochen auf dem Kinderherd geeignet.

TIPP Geräteleiste:

Hier siehst du welche Geräte du für das jeweilige Gericht brauchst. Lege sie dir vor dem Kochen zurecht.

Und vor allem: Lies das Rezept vorher genau durch!

Herd – Backofen – Kinderherd:

Es gibt verschiedene Herde und Backöfen, elektrische, mit Gas, mit Herdplatten, mit Keramikkochfeldern und Induktionsherde. Jeder Herd und jeder Backofen hat eine andere Hitze. Unsere Angaben haben wir deshalb in große Hitze, mittlere und kleine Hitze unterteilt. Bei den Backöfen in Ober- und Unterhitze. Bei Umluft ist die Backzeit kürzer. Jeder Herd und jeder Ofen heizt unterschiedlich. Deshalb fragst du am besten deine Mami, ob du mehr oder weniger Hitze brauchst und ob du eine kürzere oder längere Backzeit bei eurem Ofen rechnen musst. Beim Kinderherd ist eine Sicherheitsstufe eingebaut. Das heißt, er wird nie so heiß, dass du dich verbrennen kannst. Dafür dauert es natürlich viel länger, bis das Wasser kocht, bis die Nudeln weich sind und bis im Ofen etwas gebacken ist. Setze deshalb schon warmes Wasser auf. Du solltest entweder nur im Ofen backen oder auf der Herdplatte kochen.

TIPPS Hygiene und Herd:

1. Wasche dir vor und nach dem Kochen immer gründlich die Hände.
2. Wasche Salat, Gemüse und Hähnchen immer, bevor du sie verarbeitest oder isst.
3. Lass Fleisch, Hähnchen und Fisch im Kühlschrank liegen, bis du es brauchst.
4. Zerkleinere Gemüse und Fleisch immer auf unterschiedlichen Rüstbrettern.
5. Spüle beim Kochen zwischendurch immer wieder Schüsseln, Messer, Rüstbretter ab, so hast du nach dem Kochen nicht einen Berg von Geschirr zum Spülen.
6. Halte immer einen Lappen bereit, damit du Verschüttetes sofort wegwischen kannst.
7. Verwende immer Ofenhandschuhe oder Topflappen, wenn du heiße Töpfe oder Pfannen anfasst.
8. Stelle heiße Pfannen immer auf einen Untersetzer.
9. Wenn du etwas in der Pfanne umrührst, halte den Topf immer gut am Griff fest, damit er nicht umkippt.
10. Trockne dir immer die Hände ab, bevor du ein elektrisches Gerät an- oder aussteckst.
11. Stelle die Töpfe immer so auf die Herdplatte, dass die Griffe nach hinten oder außen zeigen und dich nicht behindern.

Elektrischer Backofen:	immer vorheizen auf zum Beispiel 180 Grad Celsius = 180 Grad
Elektrischer Herd:	1–4 oder 1–6 oder 1–12, je nach Herd heiß = höchste Zahl, mittel = in der Mitte, klein = zum Beispiel 2–3 oder 3–4 oder 5–6
Kinderherd:	Da sowohl Herdplatten wie auch Backofen nicht so heiß werden, musst du mit einer mehr als doppelt so langen Back-, Brat- und Kochzeit rechnen.

TIPP Rezepte lesen:

Die Maßeinheiten in diesem Buch sind abgekürzt:

EL	=	Esslöffel
TL	=	Teelöffel
g	=	Gramm
kg	=	Kilogramm (1000 g = 1 kg)
l	=	Liter (1000 ml = 1 l)
dl	=	Deziliter = 0,1 l (10 dl = 1 l)
ml	=	Milliliter = 0,01 l (100 ml = 1 dl)
1 Prise	=	so viel wie du zwischen Zeigefinger und Daumen halten kannst

Der größte Teil der abgebildeten Geräte stammt aus der Kinder-Kochgeräte-Kollektion von Glückskäfer.

Glückskäfer

Abtropfsieb
Muffin-Blech
Töpfe
Backform
Chromargan-
Schüsseln
Backform
Handrührer
Abkühlgitter
Mehlschöpfer
Mehlsieb
Auswallholz
Plätzchen-Ausstechformen
Ausstechformen
Schöpfer
Tischset

Geräte

Diese **Küchengeräte** brauchst du immer wieder. **Stelle sie dir bereit,** bevor du mit dem Kochen beginnst. Bei **jedem Rezept** sind sie abgebildet. Zum Schneiden, zum Rühren, zum Abmessen, zum Backen, **Töpfe und Pfannen,** Schäler und Stampfer, Schüsseln und Formen. Einige davon **findest du hier.**

REZEPTE LESEN UND VERSTEHEN:

Ratgeber

Oben auf der Seite siehst du, wie man ein Rezept am besten liest. Und dann verrate ich dir hier noch einige Tricks, mit denen du schnell zu dem gewünschten Ergebnis kommst. Auch Profiköche kochen nur mit Wasser.

Vor dem Kochen
Lies das Rezept durch. Schaue nach, was zuhause vorrätig ist. Kaufe fehlende Zutaten ein. Stelle alle Geräte und Werkzeuge bereit, die du für das Kochen brauchst.

Zum Abmessen und Wiegen
Messbecher muss gerade stehen. Auf Augenhöhe die Einteilung ablesen. Vor dem Wiegen muss der Zeiger der Waage auf Null sein. Bei Ess- und Teelöffel die Menge immer glatt gestrichen.

Schneidebrett – Rüstbrett
Lege ein feuchtes Tuch darunter, dann rutscht es nicht. Wasche es nach Gebrauch gut und stelle es zum Trocknen auf.

Kinderherd
Da sowohl Herdplatten wie auch Backofen nicht so heiß werden, musst du mit einer mehr als doppelt so langen Back-, Brat- und Kochzeit rechnen.

Glückskäfer Kinderkoch- und -back-Utensilien
Du kannst mit den kleinen Kinder-Backformen, -Töpfen, -Pfannen, -Woks, -Bratpfannen sowohl auf dem Kinderherd wie auch auf eurem Herd und Backofen zuhause kochen und backen.

Küchenwecker
Organisiere dir einen Küchenwecker, der dich erinnert, wann du z. B. im Backofen wieder nachsehen musst. Stelle ihn knapp ein, früher nachsehen ist besser, als dass was verbrennt.

Kühlschrank
Lege angebrauchte Lebensmittel in Klarsicht- oder Alufolie gehüllt oder in Gefäßen mit Deckel in den Kühlschrank. Stelle nie Speisen warm hinein. Lass diese erst auskühlen. Wenn du etwas rausnimmst, musst du den Kühlschrank sofort wieder schließen. Sonst wird er warm und braucht zu viel Strom. Kühlschränke kühlen nicht überall gleich stark. Frage Mami, wie die Kältezonen eingeteilt sind.

Backofen
Lass dir euren Backofen von deiner Mutter erklären. Er muss immer etwa 15 Minuten vorgeheizt werden. Vor dem Einschalten ausräumen und das Gitter auf die gewünschte Rille schieben.

Wann ist Öl oder Bratbutter zu heiß?
Wenn ein Räuchlein aufsteigt. Dann musst du die Pfanne sofort von der Platte ziehen und die Hitze kleiner stellen.

Oh – angebrannt!
Halb so schlimm. Wenn du merkst, dass am Pfannenboden was angebrannt ist darfst du auf keinen Fall umrühren. Gib sofort alles, was nicht klebt und nicht angebrannt ist, in eine andere Pfanne. So kannst du ein Gericht noch retten.

Hilfe – Finger verbrannt!
Halte ihn sofort unter das eiskalte Wasser. Wenn du Eiswürfel hast, gib diese in eine Tasse mit kaltem Wasser und bade den Finger darin. So lange, bis es nicht mehr brennt. Ruf deine Mami.

Aufräumen
Warte nie bis zum Schluss. Räume zwischendurch immer wieder auf, putze Schneidebrett und Arbeitsplatte, reinige verschmutzte Pfannen und Teigschüsseln. Wenn was hartnäckig dranklebt, weiche es 10–15 Minuten mit Wasser ein. Pfannen und Bleche vor dem Spülen immer erst abkühlen lassen. – Und nicht vergessen: Auch Arbeitsplatz, Herd und Spüle nach dem Kochen mit Schwammtuch und Spülmittel putzen. Das machen auch die Super-Sterneköche.

Wo kommt das Besteck hin?
Stell zuerst die **Teller** auf jeden Platz oder auf jedes Set. Links vom Teller kommt die **Gabel**, rechts das **Messer**, Schneide zeigt zum Teller. Wenn es Suppe oder Spaghetti gibt, legst du den **Esslöffel** rechts außen neben das Messer. Wenn es Vorspeise oder Salat gibt, nochmals eine Gabel links von der ersten Gabel und nochmals ein Messer rechts vom Löffel legen.

Den **Dessertlöffel** oberhalb des Tellers hinlegen, er zeigt zur Gabel. Man nimmt beim Essen immer zuerst das äußerste Besteck, das heißt, man isst von außen nach innen.
Die **Gläser** stehen rechts oben an jedem Teller. Salz, Pfeffer, Aromat (Streuwürze), eventuell gehören Essig, Öl noch auf den Tisch. „Mise en place" nennen es die Franzosen.

Tischlein deck dich
Tischset, Papierservietten, Teller, Essbesteck und Gläser. Es gibt so viele schöne Pappteller, -becher und Servietten zu

kaufen. Oder zu eurem Geschirr zuhause spezielle farbige Servietten, eine Blume draufgelegt oder mit einer Schnur, Bast oder einem farbigen Band gebunden. Als **Tipp:** Wähle zu jedem Anlass oder zum Gericht die passende Dekoration, z. B. italienische Fähnchen bei Pasta. Ein gutes selbst gekochtes Essen schmeckt auf einem schön gedeckten Tisch noch besser.

Hallo Tischmanieren!
Immer Hände auf den Tisch, Füße unter den Tisch. Schön essen ist angesagt: Gabel in die linke Hand, Messer in die

rechte. – Na ja, ab und zu und gewisse Gerichte darf man dann auch von Hand essen. Nur nicht schlürfen, schmatzen, „rumgageln" und mit Aufstehen warten, bis alle anderen auch fertig gegessen haben oder frage, ob du aufstehen darfst.

Du bist – was du isst!
Aus all diesen Gruppen müssen sich deine täglichen Mahlzeiten zusammensetzen:

Gruppe 1 – Getreide, Getreideerzeugnisse, Kartoffeln
Gruppe 2 – Gemüse, Salat
Gruppe 3 – Obst
Gruppe 4 – Milch und Milchprodukte
Gruppe 5 – Fleisch, Fisch, Wurst, Eier
Gruppe 6 – Fette, Öle
Gruppe 7 – Getränke, bevorzugt energiearm

DGE-Ernährungskreis®, Copyright: Deutsche Gesellschaft für Ernährung e.V., Bonn

Eier sind kleine **Kraftpakete,** in denen jede Menge **hochwertige Proteine,** Mineralstoffe, Spurenelemente und **Vitamine** stecken. Aus ihnen kannst du schnell **kleine Gerichte** machen.

Ei, Ei, Ei

Fragen rund ums Ei

Können aus allen Eiern Küken schlüpfen?

Nein, nur aus befruchteten Eiern. Wenn der Hahn auf eine Henne flattert und dabei die Eier in ihrem Bauch befruchtet, schlüpfen nach etwa drei Wochen Brutzeit Küken aus den Eiern. Die Eier, die im Supermarkt verkauft werden, sind nicht befruchtet. Deshalb können daraus auch keine Küken schlüpfen.

Warum gibt es braune und weiße Eier?

Dies hängt von der Rasse des Huhns ab, das die Eier legt. Manche sagen, dass weiße Hühner weiße Eier und rote und braune Hühner braune Eier legen. Andere sagen, es hängt vom Futter ab, das sie bekommen. Wieder andere sagen, Hühner mit weißen Ohrscheiben legen weiße Eier, die mit roten Ohrscheiben braune Eier. Bei Hennen mit freiem Auslauf ist sowieso nicht zu erkennen, von welcher Henne die Eier sind. Bauernhof-Eier haben unterschiedliche Größen und Farbtöne, von weiß bis braun. Die Braunfärbung entsteht durch rote und gelbe Farbstoffe, die das Huhn über eine Drüse aus Blut und Galle in die Schale abgibt.

Sind Eier gesund?

Ja, Eier sind gesund! Ein Hühnerei wiegt 50–70 g und besteht zu $^3/_4$ aus Wasser, der Rest ist halb Eiweiß, halb Fett und etwa 1,2 % sind Säuren und Salze. Trinkeier sind ganz frische Eier (1–8 Tage alt).

Ei, Ei, Ei, wo kommst du her?

Auf jedem Ei findest du einen Stempel mit Zahlen und Buchstaben. Die erste Zahl zeigt dir, wo das Ei herkommt: 0 bedeutet Ökohaltung, 1 Freilandhaltung, 2 Bodenhaltung, 3 Käfighaltung (in einer Legebatterie). Auf dem Stempel steht auch das Herkunftsland, z. B. DE für Deutschland oder CH für die Schweiz. Nach dem Länderkürzel folgt die Betriebsnummer. Mit ihr kann man feststellen, aus welchem Betrieb das Ei stammt. Das Legedatum steht auf der Verpackung. Verwende für Gerichte, bei denen du rohe Eier brauchst, sowie für Frühstücks- und Rühreier, nur frische Eier. Kaufe Eier am besten von Hennen mit freiem Auslauf.

Warum wird ein Ei beim Kochen hart?

Ein Ei besteht zum größten Teil aus Eiweißen. Diese sehen unter der Lupe wie viele winzige Wollknäuel aus. Wenn das Ei erhitzt wird, verändern die Eiweiße ihre Form, wie als wenn sich die einzelnen Wollfäden miteinander verwirren und verkleben. Sie bilden eine Art Netz. Dadurch werden das flüssige Eiweiß und das Eigelb fest, zuerst das Eiweiß, dann das Eigelb. Je länger das Ei gekocht wird, desto fester wird das Netz, bis das Ei ganz hart ist. Harte Eier haben einen kleinen Hohlraum und zwar unten an der breiten runden Seite. Beim Eiertütschen an Ostern also immer mit der Spitze des Eies tütschen!

Teste!

Ob ein Ei frisch ist, kannst du wie folgt erkennen: Lege es in ein großes Glas Wasser. Wenn es bis auf den Boden sinkt, ist es ganz frisch, wenn es obenauf schwimmt, ist es alt. Oder du schüttelst es leicht. Wenn sich darin nichts bewegt, ist es ganz frisch, da noch kein Wasser darin verdunstet ist. Es hat sich noch kein Hohlraum gebildet.

Ei

Gekochte Eier

Die darf ich selbst kochen. Das macht Spaß! Fürs Frühstück weich gekocht, nicht zu schlabbrig, zur Brotzeit hart gekocht. Papis Frühstücksei muss genau 3 Minuten kochen, dafür habe ich eine Eier-Sanduhr. Und für Ostern darf ich sie auch anmalen.

Das brauchst du für 3 Personen:

- 3 Eier (möglichst frisch)
- Wasser

Warum ...

... ist die Garzeit von Eiern von der Meereshöhe abhängig?

Auf niedriger Meereshöhe brauchen Eier weniger lang, bis sie gar sind, als in den Bergen. Dies hängt vom Luftdruck ab, da dieser in der Höhe geringer ist als auf Meereshöhe. Mit der Höhe sinkt der Siedepunkt des Wassers. Dieses beginnt auf Meereshöhe erst bei 100 Grad zu kochen. Deshalb werden Frühstückseier hier schneller hart. In den Alpen kocht das Wasser früher, weshalb die Eier eine längere Kochzeit brauchen. Auf dem Mount Everest werden die Eier fast gar nicht hart.

1 **Stich** mit dem Eierstecher die Schale der Eier vorsichtig an der stumpfen Stelle ein. So kann die Luft entweichen und die Schale platzt nicht während des Kochens.

2 **Setze einen** kleinen Topf mit Wasser auf den Herd und warte, bis es aufkocht. Es sprudelt dann.

3 **Lege ein Ei** nach dem anderen auf den Löffel und lass sie sanft ins Wasser gleiten. Sie sollten bis zu 3/4 ihrer Höhe im siedenden Wasser liegen. Die Garzeit beginnt, wenn das Wasser wieder kocht.

Diese Geräte brauchst du:

Kochtopf

Esslöffel

Eierbecher

Eierstecher

KOCHZEITEN:

4

3 Minuten: weiche Eier, Eiweiß und Eigelb sind noch leicht flüssig.
5 Minuten: Frühstückseier, das Eiweiß ist fest und das Eigelb ist weich.
8 Minuten: harte Eier, das Eiweiß ist fest, das Eigelb in der Mitte leicht cremig.
12 Minuten: ganz harte Eier, Eiweiß und Eigelb sind schnittfest.

PROFITIPP

Damit du die harten Eier besser schälen kannst, lass kaltes Wasser darüberlaufen oder lege sie in kaltes Wasser. Zerspringt ein Ei während des Kochens, gib etwas Essig in das Wasser, das verhindert das Auslaufen des Eiweißes.

1

Rührei

Ich habe Rührei fest gern und ohne Milch. Nur Schnittlauch darübergestreut, wie Mami es isst, mag ich ganz und gar nicht. Mit meiner Minibratpfanne vom Kinderherd darf ich mein Rührei auch auf dem großen Herd kochen. Wichtig ist nur, dass die Platte nicht zu heiß ist.

Ei

Das brauchst du für 1 Person:

- 1–2 Eier, je nach Größe
- 2 EL Milch
- 1 TL Butter, bei 2 Eiern 1 EL
- Tomate, Gurke, Schnittlauch
- 1 Scheibe Vollkornbrot oder Toast in Streifen geschnitten

PROFITIPP

Du kannst der Eimasse auch noch klein gewürfelten Schinken oder geriebenen Käse beimischen. Oder für Papi Speckwürfelchen und halbierte Cherrytomaten.

1 **Schlage die** Eier in der Mitte am Schüsselrand auf und ziehe die Eierschalenhälften auseinander. Lass das Eigelb und Eiweiß in die Schüssel gleiten.

2 **Verquirle** das Ei mit dem Rührbesen, bis die Eimasse schön schaumig ist.

3 **Gib die** Milch dazu und rühre sie unter die Eimasse.

Diese Geräte brauchst du:

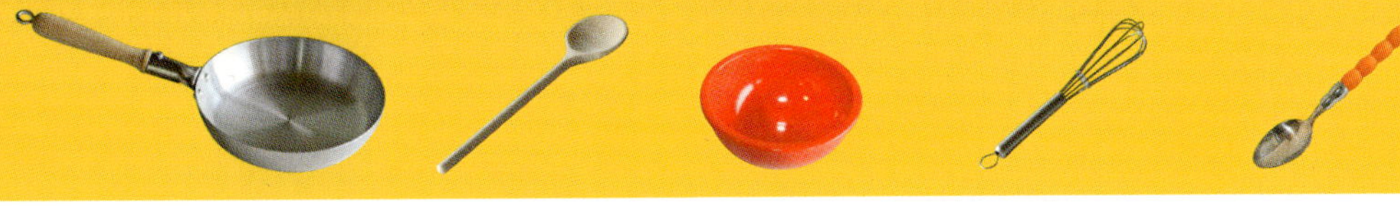

Bratpfanne Holzlöffel Schüssel Rührbesen Esslöffel

4 **Stelle die** Bratpfanne auf die heiße Herdplatte. Gib die Butter in die Pfanne und lass sie zergehen. Gieße die flüssige Eimasse in die Pfanne.

5 **Rühre mit** dem Holzlöffel so lange, bis das Ei stockt, aber noch feucht ist. Das Rührei soll leicht flockig aussehen, aber noch leicht flüssig sein.

6 **Jetzt kannst** du das Rührei auf den Teller geben und hübsch garnieren. Lege die Brotscheiben z. B. wie Sonnenstrahlen um das Rührei herum.

Ei

Spiegeleier braten

Dies ist überhaupt nicht schwierig. Und es ist auch egal, ob das Eigelb schön in der Mitte ist: Spiegeleier schmecken lecker, nicht nur zum Frühstück, sondern auch zu Rösti und Bratkartoffeln. Victoria verrührt das Spiegelei.

Das brauchst du für 1 Spiegelei:

- 1 frisches Ei
- 1 TL Butter oder Bratfett

Warum …

… soll ich eine beschichtete Pfanne nehmen?

Weil das Ei dann darin nicht so leicht anbrennt.

Diese Geräte brauchst du:

Bratpfanne Schüssel Pfannenwender

1 **Eine Bratpfanne** auf den Herd stellen. Die Butter reingeben und warm werden lassen. Am besten sind beschichtete Pfannen.

2 **Das Ei** an einem dünnen Schüsselrand oder am Pfannenrand aufschlagen und in die Bratpfanne gleiten lassen.

3 **Auf niedriger** Stufe braten, bis das Eiweiß fest, das Eigelb aber noch flüssig ist (ca. 4–5 Minuten). Dann kannst du es noch garnieren.

PROFITIPP

Wenn du die Pfanne beim Braten zudeckst, überzieht sich das Eigelb mit einer dünnen Eiweißschicht. Du kannst das Ei nun anrichten.

Ei

Pfannkuchen

Mmmh – leckere Pfannkuchen! Wir alle lieben Pfannkuchen. Die darf ich selbst mit Apfelmus bestreichen, einrollen und mit den Fingern essen. Tom und Stella nehmen immer Nutella. Oh schrecklich, die sehen nachher aus wie Clowns!

Das brauchst du für 4 Mini- oder 2 große Pfannkuchen

Für den Teig:

- 100 g Mehl
- 200 ml Milch
- 2 EL Wasser
- 2 EL Zucker
- 3 Eier
- 20 g zerlassene Butter
- Fett oder Butter zum Braten

Für die Garnitur:

- Beeren und Früchte nach Wunsch zum Füllen oder als Dekoration
- Nutella oder Apfelmus zum Bestreichen
- Eventuell Puderzucker zum Bestreuen

PROFITIPP

Wenn du den Teig mit dem Holzspaten und einer Gabel in Stücke zerreißt, hast du einen „Kaiserschmarrn". Dazu gehören noch Rosinen. Das kannst du auch machen, wenn der Pfannkuchen dir beim Umdrehen kaputtgeht.

1 **Siebe zuerst** das Mehl in eine Schüssel. Gib dann den Zucker, die flüssige Butter und das Wasser dazu.

2 **Schlage** die Eier am Schüsselrand in der Mitte auf und ziehe die Schalen mit den Daumen auseinander. Lass die Eier ins Mehl fallen. Verrühre alles.

3 **Gieße** langsam die Milch dazu und schlage den Teig mit dem Rührbesen so lange gut durch, bis du eine luftige Teigmasse hast.

Diese Geräte brauchst du:

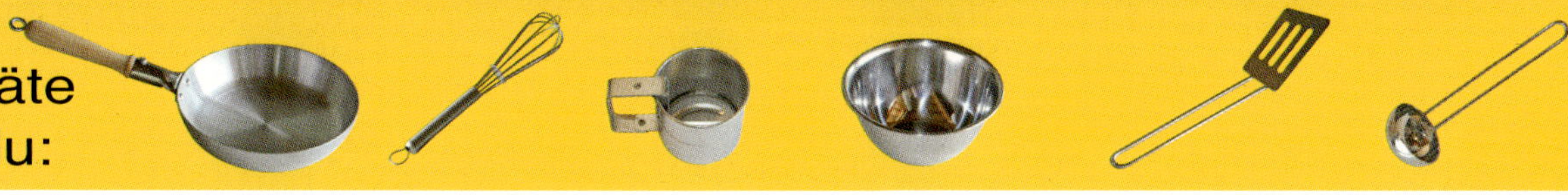

Bratpfanne Rührbesen Mehlsieb Schüssel Pfannenwender Schöpfer

4 **Gib die Butter** in die Bratpfanne. Lass sie warm werden. Fülle den Schöpfer mit Teig und gieße ihn dünn in die Pfanne. Verteile ihn, indem du die Pfanne so schwenkst, dass der Boden mit einer gleichmäßigen Schicht Teig bedeckt ist.

5 **Wenn der** Pfannkuchen auf der einen Seite angebacken ist (nach 1–2 Minuten), löst du ihn mit dem Pfannenwender und wendest ihn. Stell die Hitze auf mittel. Lass ihn jetzt auch auf der anderen Seite goldbraun werden.

6 **Lege den** Pfannkuchen auf einen Teller und bestreiche ihn z. B. mit Marmelade, Apfelmus oder Nutella. Du kannst ihn gerollt, im Ganzen oder geviertelt anrichten und nach deinen Wünschen dekorieren.

Tiermotiv Pferde
Kleine Sterne (Stelline)
Zöpfli (Treccine)
Weihnachtsnudel
Schmetterlinge (Farfalle)
Tiermotiv Bären
Ditaloni
Schleifchennudel
Krausnudel (Reginette)
Ditali klein
Penne Rigate

Buchstaben

Orecchiette

Spätzli

Mini Penne

Mini Muscheln

Hörnli (Cornetti)

Pasta-Gerichte in allen Variationen führen die Bestenliste der Lieblingsessen an. Pasta ist Natur pur mit wenig Zutaten: **Mehl, Wasser,** eventuell **Eier** und etwas **Salz.** Es gibt getrocknete Nudeln **in vielen Formen,** Vollwertnudeln, bunte Nudeln, Nudeln aus Fernost und Teigwaren von **frischem Teig.** Der **Vielfalt** sind keine Grenzen gesetzt.

Pasta

Gemelli (Zwillinge)

Spaghetti

Bunte Buchstaben

Victoria will wissen

Gibt es eine Faustregel zum Pastakochen?

Nimm pro 100 g Pasta 1 l Wasser und 1 leicht gehäuften TL Salz, egal welche Nudelsorte du kochst.

Wie koche ich Pasta?

Bringe einen großen Topf mit Salzwasser zum Kochen. Gib das Salz und dann die Nudeln hinein und rühre sie um, damit sie nicht zusammenkleben. Koche sie bei mittlerer Hitze so lange, wie auf der Packung steht. Wenn sie „al dente" sind, gieße die Nudeln vorsichtig in ein Sieb im Spülbecken ab. Mit kaltem Wasser nur dann abbrausen, wenn du sie als Beilage brauchst, dann kleben sie nicht zusammen. Schütte die Nudeln im Sieb kurz durch, damit das restliche Wasser abtropft. Richte sie in einer Schüssel an und gib die Sauce darüber. Oder gib die Nudeln in die Pfanne zu deiner Sauce und vermische Pasta und Sauce gut miteinander.

Was heißt „al dente“?

Al dente heißt wörtlich aus dem Italienischen übersetzt „auf den Zahn“, die Spaghetti müssen noch etwas fest sein.

Wer hat die Nudeln erfunden?

Das kann man heute nicht mehr so genau sagen, denn in fast allen Teilen der Erde kamen Menschen auf die Idee, aus Wasser, Salz und Mehl einen einfachen Teig zu machen. Die Italiener, die Araber und die Chinesen sagen, dass sie die Nudel erfunden hätten. Andere glauben, dass Marco Polo die Nudeln im 13. Jahrhundert bei seiner Reise in China entdeckt und von dort nach Italien gebracht hätte, doch zu dieser Zeit aßen die Italiener schon lange Spaghetti und Makkaroni. Tatsache ist, dass die Italiener immer noch die Weltmeister im Nudelmachen und -essen sind, denn neben Pizza ist Pasta das Nationalgericht der Italiener.

Nudelteig selbst gemacht:

Mit diesem Nudelteig kannst du alle Pasta-Sorten herstellen, von Nudeln bis zu Ravioli. Nimm für den Teig **300 g Weizenmehl Type 405, 3 Eier, 1 EL Olivenöl, 1/2 TL Salz.** Du kannst die frischen Nudeln von Hand oder mit einer Teigmaschine herstellen. Die Zubereitung des Teiges ist etwas mühsam, da die Zutaten der Reihe nach in die Mehlmulde gegeben und dann vom Rand her eingearbeitet werden müssen, bis ein dickflüssiger Teig entsteht. Dieser muss dann noch zu einem glatten Teig geknetet werden, dann zu einer Kugel geformt und in Frischhaltefolie gewickelt werden und 1 Stunde ruhen.

Pasta-Warenkunde:

Was heißt Hartweizengrieß?

Die meisten Pasta sind aus Hartweizengrieß. Grieß ist der Name für ein gröber gemahlenes Mehl. Und Hartweizen ist eine spezielle Weizensorte mit viel Kleber-Eiweiß, das sich besonders gut für Pasta-Teig eignet.

Wie werden Eiernudeln gemacht?

Dann wird dem Teig noch ein Ei beigemischt, und zwar mindestens 2 1/2 Eier pro 1 kg Weizengrieß.

Werden Glasnudeln aus Glas gemacht?

Nein, diese Nudelsorte wird nur so genannt, weil sie gekocht so durchsichtig wie Glas ist. Diese Nudeln werden aus Erbsen-, Mungobohnen- oder Kartoffelstärke anstatt aus Weizenmehl hergestellt. Sie schmecken supergut.

Was sind Reisnudeln?

Aus Reismehl und Wasser wird ein Nudelteig gemacht, aus dem man dann die Reisnudeln formt. Sie sehen übrigens genauso durchsichtig aus wie die Glasnudeln. Reisnudeln sind in Asien sehr beliebt, denn Reis ist das Hauptgetreide der asiatischen Welt und kann, genau wie Weizen, zu Mehl vermahlen

Machen Nudeln stark?

Ja. Schon im alten Griechenland schworen die Ringer, Diskuswerfer und Zehnkämpfer auf ihre Wirkung. Nudeln enthalten viele Kohlenhydrate, Vitamine und Mineralstoffe und geben viel Energie. Außerdem setzen sie im Gehirn einen Stoff frei, der gute Laune macht. Die Radrennfahrer bei der Tour de France essen am Morgen tellerweise Nudeln, damit sie für die Strapazen des Tages gerüstet sind.

Spaghetti

Dies sind meine Lieblingsnudeln. Ich kann sie auf der Gabel drehen. Mami sagt, ich soll den Esslöffel darunterlegen, dann geht das Aufdrehen besser. Victoria bekommt die Spaghetti klein geschnitten, damit sie sie mit dem Löffel essen kann. Stella isst am liebsten Butterspaghetti mit Aromat und geriebenem Käse.

Das brauchst du für 2 große und 2 kleine Esser:

- [ ] 300 g Spaghetti

Für die Bolognese-Sauce:

- [ ] 250 g Rinderhackfleisch
- [ ] 2 EL Öl zum Anbraten
- [ ] 1 EL Tomatenmark
- [ ] 1 Karotte in Würfelchen geschnitten
- [ ] 1 Zwiebel in Würfelchen geschnitten
- [ ] 500 g geschälte Tomaten (pomodori pelati – gibt's in der Dose)
- [ ] 1 EL italienische Gewürzmischung (Basilikum, Majoran, Rosmarin, Oregano)
- [ ] Salz, Pfeffer, Aromat
- [ ] geriebener Käse (Parmesan)

Für die schnelle Tomatensauce:

- [ ] 500 g fertige Tomatensauce (gibt' s im Supermarkt z. B. von Buitoni, Barilla)
- [ ] 1 EL Butter

Für die Gemüse-Tomatensauce:

- [ ] 6 Tomaten
- [ ] 1 Zucchini
- [ ] 2 EL Tomatenmark
- [ ] Salz, Pfeffer, Aromat

SPAGHETTI KOCHEN:

Während du die Sauce zubereitest, koche in einem Topf mit Wasser die Spaghetti al dente (wie auf Seite 28 beschrieben). Auf jeder Packung steht, wie lang die Kochzeit sein sollte. Gieße die fertigen Spaghetti in ein Abtropfsieb und gib sie anschließend in eine Schüssel oder auf Teller. Nun die Sauce dazugeben.

Diese Geräte brauchst du:

großer Kochtopf   Bratpfanne   Holzlöffel   Rüstmesser   Abtropfsieb

BOLOGNESE-SAUCE:

Gib Öl in die Bratpfanne. Lass es heiß werden und brate darin die Karotten und Zwiebeln kurz an. Gib das Fleisch dazu und brate es ebenfalls rundum an. Würze es mit Salz, Pfeffer und Aromat. Nun das Tomatenmark dazugeben und kurz umrühren. Jetzt die geschälten Tomaten dazugeben und die italienische Gewürzmischung einrühren. Rühre die Sauce gut um und lass sie bei mittlerer Hitze ca. 20 Minuten leicht köcheln.

TOMATENSAUCE:

Gib die Tomatensauce in einen Topf und lass sie heiß werden. Deckel drauf, denn es blubbert stark und kann spritzen. Gib die heißen, gekochten Spaghetti in die Sauce und rühre gut um. Gib die Butter dazu und fertig sind die Tomatenspaghetti. Ganz nach deinem Geschmack kannst du noch mit Salz und Aromat würzen und Käse darüberstreuen.

GEMÜSE-TOMATEN:

Schneide die Tomaten und Zucchini in kleine Würfel. Gib das Öl in die Pfanne, dann das Gemüse dazu und lass es bei niedriger Hitze weich werden. Gib das Tomatenmark hinzu, würze alles mit wenig Salz, Pfeffer und Aromat. Fertig ist die Sauce! Gib sie direkt auf die Spaghetti.

Woher ...

... kommt der Name Bolognese?

Er kommt von der Stadt Bologna in Italien. Tomatenspaghetti heißen Spaghetti Napoli. Dieser Name kommt von der Stadt Neapel in Italien.

2

G'hackets mit Hörnli

Die kann ich mit dem Löffel, wie ein großer Schaufelbagger, reinschaufeln. Stella isst sie mit der Gabel, aber da fallen sie immer runter.

Pasta

Das brauchst du für 2 Personen:

- 100 g Rinderhackfleisch
- 2 EL Öl
- 20 g Butter
- 1 EL Salz
- 1 TL Öl für das Hörnliwasser
- 5 cl Wasser oder Bouillon
- Je 1 TL Aromat und Salz zum Würzen des Fleisches
- 100 g Hörnli oder andere Teigwaren wie Pennette, kleine Müschelchen oder Makkaroni

PROFITIPP

Ob das Öl heiß ist, kannst du feststellen, indem du die Hand ca. 20–30 cm über die Pfanne hältst, oder wenn du ein kleines Stückchen Hackfleisch reingibst.

1 **Setze** einen Kochtopf mit Wasser auf und bringe es zum Kochen. Gib die Hörnli und das Öl in das Kochwasser hinein. Koche die Hörnli, bis sie weich sind. **Siehe Pastakochen Seite 28.** Achtung: beim Kinderherd dauert es länger. Gieße die Hörnli in ein Sieb, brause sie kurz mit kaltem Wasser ab, so kleben sie nicht zusammen.

2 **In der Zwischenzeit** die Bratpfanne auf den Herd stellen, das Öl hineingeben und die Herdplatte auf die höchste Stufe stellen. Wenn das Öl heiß ist, das Hackfleisch dazugeben.

Wie ...

... kommen die Löcher in die Hörnli, Makkaroni, Penne?

Dafür gibt es, wie für fast alles, eine Maschine, die den Nudelteig um Stäbe presst. Je nach Dicke der Stäbe sind die Löcher mal groß, mal klein.

Diese Geräte brauchst du:

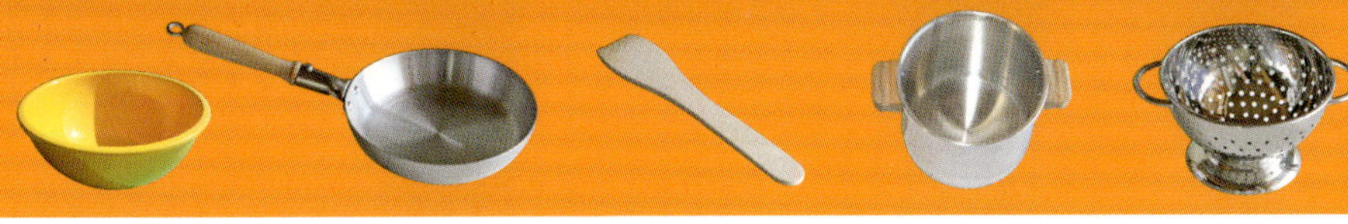

Schüssel   Bratpfanne   Holzspaten   Kochtopf   Abtropfsieb

3 Gib das Hackfleisch in die Pfanne und verteile es gleichmäßig auf dem Pfannenboden. Lass dir dabei helfen, denn das Öl kann spritzen.

4 Rühre das Hackfleisch um und würze es mit Salz und Aromat. Lösche es mit dem Wasser ab. Dann die heißen Hörnli dazugeben und die Butter darunterrühren.

5 Alles gut durchmischen und anrichten. Je nach Geschmack noch etwas Aromat und Salz darüberstreuen oder Ketchup unter das Hackfleisch mischen. Schmeckt ausgezeichnet.

Diese Geräte brauchst du:

Schinkennudeln

Sie sind ganz einfach zu kochen und ganz lecker. Wir nehmen dazu Schmetterlingsnudeln, die heißen auf Italienisch Farfalle. Du kannst aber auch andere Nudeln nehmen.

Das brauchst du für 2 Portionen:

- 150 g Nudeln
- 1 EL Bratbutter
- 50 g gekochten Schinken
- 1 Ei
- etwas Salz und Aromat

Wie ...

... sind dieTortellini entstanden?

Es war im Mittelalter im Norden Italiens. Die Dienstboten auf den Burgen und Schlössern kratzten die Speisereste von den Tafeln der noblen Herrschaften, würzten sie und umhüllten sie mit Pasta-Teig. Die heutigen Köstlichkeiten haben als Füllung Fleisch oder Leber. Am besten schmecken sie zwei Minuten in Salzwasser gekocht, mit einer Sauce aus Butter und mit frischem Parmesankäse.

PROFITIPP

Du kannst auch noch etwas Sahne darunter-mischen. Und, wenn du gerne Gemüse hast, dann auch gekochtes Gemüse. Alle, die Käse mögen, können auch Käse darüber-streuen.

1 **Schneide auf** dem Küchenbrett den Schinken in kleine Würfel. Schlage ein Ei auf und verquirle es.

2 **Setze einen** Topf mit Wasser auf und koche die Teigwaren wie auf Seite 28 angegeben. Gieße sie in ein Abtropfsieb.

3 **Stelle die** Bratpfanne auf die heiße Herdplatte, gib die Bratbutter hinein und dann die Schinkenwürfelchen.

Kochtopf kleine Schüssel Holzlöffel Abtropfsieb Bratpfanne Rüstmesser Küchenbrett

4 **Rühre diese kurz** um. Stelle die Herdplatte auf die mittlere Stufe.

5 **Schütte nun** die gekochten Teigwaren in die Pfanne und mische alles miteinander.

6 **Gib jetzt** noch das Ei dazu und rühre alles kurz durch. Mit Salz und Aromat würzen.

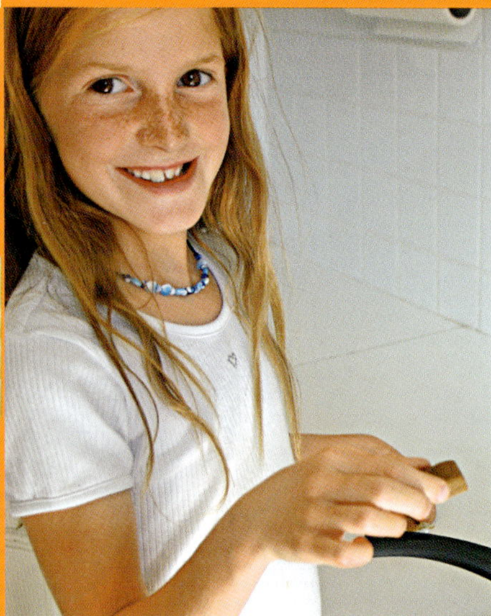

Buchstabensuppe Sternchensuppe

Wenn ich die Buchstabensuppe esse, suche ich immer die Buchstaben s-t-e-l-l-a raus und sage dann: Jetzt habe ich Stella gegessen. Als sättigende Einlage für diese klare Suppe kannst du auch Stelline, Anellini, Ditali, Minestrine oder Herzen nehmen.

Das brauchst du für 4 Personen:

- 1 l Wasser
- 200 g Buchstaben- oder Sternchennudeln
- 1 Bouillonwürfel von Maggi oder Knorr

Hilft ...

... Hühnersuppe bei Erkältung?

Heiße Hühnersuppe, sowohl hausgemacht, als auch das Fertigprodukt, kann Erkältungsbeschwerden lindern. Sie kann Entzündungen in Nase und Hals hemmen. Die heiße Flüssigkeit hält die Schleimhäute feucht und löst den Schleim, am besten schluckweise gegessen. Die Dämpfe der Brühe erhöhen zudem die Temperatur in den Atemwegen und daher können sich die Erkältungsviren nicht so schnell vermehren.

1 **Gieße das Wasser** in den Kochtopf und gib den Bouillonwürfel dazu. Stelle die Herdplatte auf die höchste Stufe.

2 **Lass das Wasser** mit dem Bouillonwürfel aufkochen, bis es blubbert.

3 **Gib nun** die Buchstabennudeln in das kochende Wasser und stelle die Hitze kleiner.

Diese Geräte brauchst du:

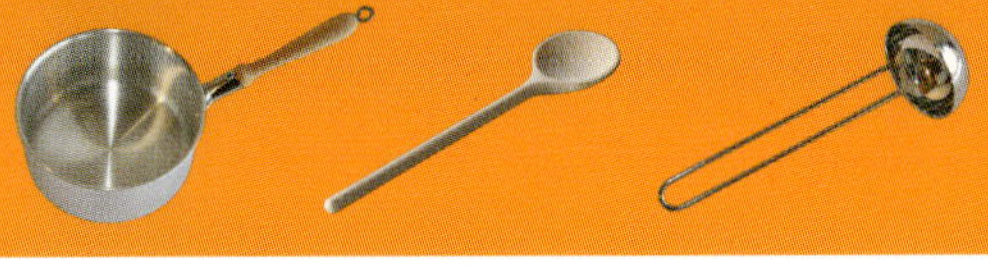

Kochtopf Holzlöffel Schöpflöffel

4 **Rühre die** Buchstabennudeln mit einem Holzlöffel um, so dass sie nicht zusammenkleben.

5 **Nach** ca. 5–10 Minuten Kochzeit (auf der Packung steht, wie lange sie kochen sollten) nimmst du den Topf vom Herd. Schöpfe nun die Suppe in den Suppenteller. Guten Appetit!

Risotto

Risotto ist meine Leibspeise. Den kann ich ganz einfach und schnell kochen. Ich mag am liebsten die klassische Form „Risotto Milanese", Oma lieber mit Meeresfrüchten, Opa mit Steinpilzen, Mami mit Spargel.

Das brauchst du für 4 Portionen:

- 1 Tasse oder kleine Schüssel Risotto-Reis, ca. 120 g (Carnaroli schmeckt am besten)
- 1 Bouillonwürfel von Knorr oder Maggi (Fleischbrühe)
- 3 Tassen Wasser oder kleine Schüsseln Wasser
- 1 Tasse oder kleine Schüssel Sahne (das Verhältnis ist 1 Teil Reis, 3 Teile Wasser oder Bouillon, 1 Teil Sahne)
- Parmesankäse oder Grano Padanokäse, gerieben (nach Belieben)
- 2 EL Olivenöl
- 1 EL Butter

Gibt es …

… verschiedene Reissorten?

Es gibt Rund-, Mittel- und Langkornreis, Klebreis und normalen Reis, roten und schwarzen Reis und Duftreis. Und lustige Namen haben sie: Patna, Basmati oder Pilaw-Reis. Auf den Packungen steht, wofür die verschiedenen Reissorten sind. Für Risotto wird ein Rundkornreis genommen, z. B. Arborio oder Carnaroli.

1 **Gib das Olivenöl** in den Topf. Lass es warm werden. Nun den Reis auf einmal dazugeben und umrühren. Wenn er leicht glasig ist, die doppelte Menge Wasser dazugießen. Es zischt leicht.

2 **Rühre alles** gut um, so dass der Reis nicht am Boden klebt und stelle die Herdplatte jetzt auf mittlere Stufe zurück. Gib den Bouillonwürfel dazu. Reibe jetzt den Käse, aber rühre immer wieder weiter.

Diese Geräte brauchst du:

Kochtopf

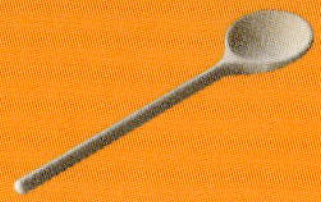
Holzlöffel

Käsereibe

Tasse oder kleine Schüssel

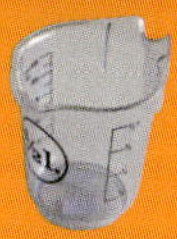
Messbecher

3 Wenn das Wasser etwas eingekocht ist, nochmals die gleiche Menge Wasser wie vorher Reis dazugießen. Der Reis muss immer leicht bedeckt sein. Wenn nötig, noch etwas mehr Wasser nehmen. Der Reis saugt das Wasser fast vollkommen auf. Umrühren.

4 Nach ca. 15 Minuten ist der Risotto-Reis gekocht. Nun die Sahne dazugeben und gut umrühren. 1 EL Butter und 2 EL Käse darunterrühren.

5 Probiere mit einem Löffel, ob der Risotto gut schmeckt, eventuell kannst du noch etwas mit Käse und Aromat nachwürzen.

PROFITIPP

Du kannst auch dem Risotto zusammen mit dem Wasser klein geschnittenes Gemüse, Pilze, Meeresfrüchte oder Garnelen beifügen. Und frisch geriebenen Parmesankäse draufstreuen.

One
AND ONLY
ORIGINAL
STAR
on stage

Auch das **Gold der Inkas** genannt. Die bescheidene Kartoffel hat ihren **Siegeszug** durch die ganze Welt gemacht. Sie ist ein **wichtiges Nahrungsmittel,** enthält viele Powerstoffe und ist der **beste Sattmacher,** weil sie Kohlenhydrate enthält, die langsam verdaut werden und **lange satt halten.**

Kartoffel

Rund um die tolle Knolle

Alles Kartoffel, oder was?

Kartoffeln enthalten Stärke, Eiweiß und Vitamine. Sie sind ein sehr gesundes Nahrungsmittel. Schon die Inkas in Südamerika bauten sie an. Nach der Entdeckung Amerikas brachten die Spanier die Kartoffel nach Europa. Bei uns galt sie zuerst als Zierpflanze. Keiner wusste damals, dass nur die Knollen, also die Teile der Wurzel, essbar sind. Die grünen Pflanzen- und Blumenteile sind giftig. Erst ab Mitte des 18. Jahrhunderts wurden Kartoffeln als Gemüse angebaut.

Oh, eine Kartoffel!

Schau wie die Kartoffel erwacht. Unter der Erde entwickelt sie sich. Die feine Haut schützt das Innere der Kartoffel vor Bakterien. Darauf bilden sich Knospen, die sprießen. Man nennt sie Keime. Die Keime werden größer und verändern sich zu Stängeln und Wurzeln. Dann kommen Blätter aus den Stängeln heraus an die Oberfläche der Erde und unter der Erde bilden sich neue Kartoffeln. Die alte Kartoffelknolle verfault im Erdreich. Dank ihrer Zuckerreserve ist die Kartoffel eine Pflanze, die wieder neue Kartoffeln produzieren kann. Aber Achtung: Nicht alle Teile der Kartoffel können gegessen werden. Die Sprossen, die Blätter, die Stängel und die Früchte enthalten Gift. Sogar die Haut enthält Giftstoffe, wenn sie noch grün ist.

Wer war Herr Parmentier?

Antoine Auguste Parmentier war ein Apotheker aus Frankreich, der den Menschen helfen wollte, gesund zu leben. Er glaubte, dass eine gesunde Ernährung die beste Methode sei, um Krankheiten zu verhindern. Er entdeckte die Kartoffel als wichtiges und gesundes Nahrungsmittel für die Menschen. Vorher bekamen nur Schweine Kartoffeln zu fressen. Herr Parmentier hatte aber auch noch viele andere gute Ideen: Er fand heraus, wie man aus Zuckerrüben Zucker macht, wie man Gemüse haltbar machen kann und dass Fleisch gekühlt länger frisch bleibt. Außerdem hat er die Zubereitung von Brot verbessert und die erste Bäckerschule aufgemacht.

Es gibt 3 Kartoffeltypen:

1. **mehlig kochende** Kartoffeln, die nach dem Kochen leicht zerfallen, z. B. für Kartoffelbrei **Nicola**

2. **fest kochende** Kartoffeln, diese enthalten weniger Stärke und sind nach dem Kochen noch so fest, dass man sie gut in Scheiben schneiden kann, z. B. Bratkartoffeln **Victoria**

3. **vorwiegend fest kochende** Kartoffeln, mit ihnen kann man fast alle Kartoffelgerichte zubereiten

Wie viele Kartoffelsorten gibt es?

Weltweit werden rund 5000 Kartoffelsorten angebaut, bei uns über 100 Millionen Tonnen Kartoffeln geerntet.

Blühende Kartoffelpflanze

Je nach Erntezeit werden sie in frühe, mittelfrühe und späte Sorten eingeteilt. Sie haben alle weibliche Namen wie z. B. **Bintje, Sieglinde, Irmgard, Nicola, Charlotte, Victoria, Desirée, Urgenta, Aria, Violette Noir, La Ratte, Agria oder Mimi. Bintje** und **Agria** sind mehlig kochende, **Charlotte** fest kochende. Dann gibt's **Novelle-Mignon** (ganz kleine neue Kartoffeln) und **Victoria** sind ideal für Pommes und Bratkartoffeln. Die blau-schwarzen heißen **Blu-Vitelotte,** die roten **Ratte.**

Wichtig zu wissen!

Die Kartoffel, das Knollengewächs, mit ihrer großen Haltbarkeit, Transportfähigkeit, ihrem Energiewert und ihrem hohen Calcium-, Kalium-, Eisen- und Vitamingehalt, diente in früheren Zeiten zur Ernährung spanischer Truppen zu Lande und auf hoher See.

Pellkartoffeln – gekochte Kartoffeln

Die kleinen Minikartoffeln sind schnell gekocht und schmecken hervorragend. Ihr könnt sie mit samt der Schale essen. Ich mag sie aber am liebsten geschält und mit Butter, Salz und Aromat.

Das brauchst du für 1 Person:

- Baby-Kartoffeln Nicola, so viel du möchtest

Dazu je nach deinem Geschmack:

- Butter
- Salz
- Aromat
- Mayonnaise
- Crème fraîche

Warum ...

... wird eine Kartoffel beim Kochen weich?

Die Kartoffel besteht aus Zucker, Stärke und unlöslicher Zellulose, einer Art Gitternetz. Zucker und Stärke lösen sich beim Kochen in Wasser auf, die Zellulose nicht, diese wird nur schlaff. Deshalb wird die Kartoffel beim Kochen weich.

1 **Wasche** die Kartoffeln unter fließendem kalten Wasser.

2 **Stelle** einen Topf mit kaltem Wasser auf den Herd und gib die Kartoffeln hinein. Sie müssen gut mit Wasser bedeckt sein.

3 **Schalte nun** die Herdplatte auf die höchste Stufe. Wenn das Wasser kocht, die Temperatur auf die mittlere Stufe zurückschalten.

Diese Geräte brauchst du:

Kochtopf | Messer oder Gabel | Bürste | Schüssel | Abtropfsieb

4 **Stich nach** ca. 15 Minuten mit einem Messer oder einer Gabel in eine Kartoffel. So kannst du fühlen, ob sie schon weich und gar ist. Wenn sie hart ist, noch etwas köcheln lassen.

5 **Gieße die Kartoffeln** in ein Abtropfsieb und richte sie in einer Schüssel an. Du kannst sie mit Fähnchen dekorieren.

PROFITIPP

Gardauer:
Kleine Kartoffeln
10–15 Minuten
Große Kartoffeln
20–30 Minuten

Kartoffeln sind gut, gesund und auch eine ideale Krankenkost.

Diese Geräte brauchst du:

Ofenkartoffeln-Baked Potatoes

Die werden in Amerika ganz viel gegessen und heißen dort „Idaho Potatoes“, nach dem Staat Idaho benannt. Füllen kannst du sie nach deinem Geschmack. Ich mag sie am liebsten nur mit Butter und Salz oder mit Shrimps und Cocktailsauce. Oma packt in die Folie noch einen Zweig Rosmarin und Butter dazu.

Das brauchst du für 4 Personen:

- [ ] 4 mehlige Kartoffeln

Für die Füllungen:

- [ ] 100 g Garnelen
- [ ] Mayonnaise
- [ ] Ketchup
- [ ] Kräuterquark
- [ ] Crème fraîche

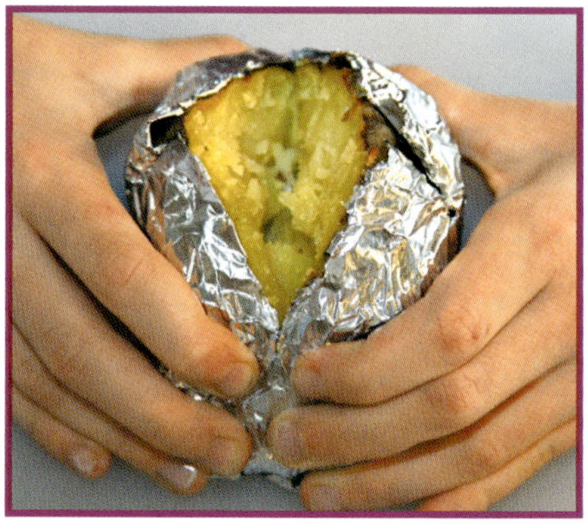

1 **Wickle** die gewaschenen Kartoffeln einzeln in Alufolie und lege sie auf ein Backblech. Backe sie ca. 50 Minuten in der Mitte des auf 200 Grad vorgeheizten Backofens.

2 **Lass dir** beim Herausholen des Bleches aus dem Ofen helfen. Schneide mit dem Messer durch die Folie ein Kreuz in die heißen Kartoffeln.

3 **Drücke die heißen** Kartoffeln mit beiden Händen zusammen, damit sie sich öffnen. Oder entferne die Folie und ziehe die Haut mit einem Messer weg.

Küchenbrett Backblech Schüssel Bürste Messer Alufolie Topfhandschuhe

Garnelen und Cocktailsauce

Crème fraîche

Kräuterquark

Für die Füllungen:
Je nach Geschmack mit Butter und Salz, Kräuterquark oder Crème fraîche füllen.
Für die Cocktailsauce:
4 EL Mayonnaise und 2 EL Ketchup in einer Schüssel gut miteinander verrühren und die Garnelen dazugeben.

PROFITIPP

Mache den Gartest: Wenn ein spitzes Messer sich ohne spürbaren Widerstand bis in die Mitte der größten Kartoffel stechen lässt, sind alle gar.

Kartoffelpüree

Ist ganz einfach zu machen, schmeckt superlecker und ist dazu noch sehr gesund. Das kann ich richtig reinschaufeln. Victoria mag das Püree mit einem Saucensee. Koch auch du ein „Chef-Püree“!

Das brauchst du für 1 Teller:

- 2 mehlige Kartoffeln
- 1 dl heiße Milch
- 1 Stück Butter
- 1/2 TL Salz

Für die Garnitur:

- Bratensauce
- Karotte, Erbsen, Tomate, Brokkoli, Salat, Bohnen, was du gerade vorrätig hast

Was ...

... ist ein Kartoffelpüree?

Dieses hat viele Namen. Kartoffelbrei oder Kartoffelmus, in Österreich Erdäpfelpüree, in der Schweiz Kartoffelstock (Härdöpfelstock), in Bayern Stampf oder Stopfer. Es ist ein Brei aus gekochten, zerdrückten und cremig gerührten Kartoffeln sowie anderen Zutaten. Das Püree sollte sofort serviert und gegessen werden. Die Köchin von Marcel Proust, dem berühmten Dichter, soll gesagt haben: „Nicht das Püree wartet auf die Esser, sondern die Esser warten auf das Püree.“

1 Kartoffeln kochen wie für Pellkartoffeln, siehe Seite 44–45.

2 Schäle die Haut von den heißen Kartoffeln. Lass dir dabei helfen. Schneide die Kartoffeln in kleine Teile und gib sie in eine Schüssel.

3 Zerstampfe die Kartoffeln mit einem Kartoffelstampfer oder einer Gabel zu Kartoffelbrei, oder du drückst die Kartoffeln durch die Kartoffelpresse in die Schüssel.

Diese Geräte brauchst du:

Kochtopf

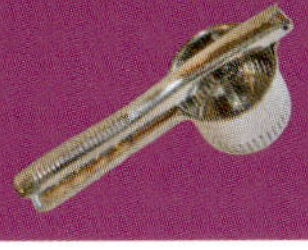

Kartoffelstampfer oder -presse

Rüstmesser

Schüssel

Messbecher

4 Gib nun die heiße Milch dazu und vermische Kartoffeln und Milch miteinander, so dass ein kompaktes Kartoffelpüree daraus wird.

5 Füge nun das Butterstück und das Salz hinzu und vermische alles nochmals gut miteinander. Wenn das Kartoffelpüree zu dick ist, nochmals etwas Milch dazugeben.

6 Richte das Kartoffelpüree auf einem Teller an, z. B. als Gesicht, als See oder Berg. Guten Appetit. Mir schmeckt' s!

Diese Geräte brauchst du:

Pommes & Co

Das brauchst du für 1 Person:

- 2 fest kochende Kartoffeln (empfehlenswert ist die Sorte „Linda")
- Salz zum Würzen
- Ketchup oder Mayonnaise
- 1 EL Öl

Selbst gemachte Kartoffel-Pommes sind nämlich viel gesünder als die fettigen Pommes Frites und schmecken genauso gut – mit Ketchup, Mayo und Würstle, mmh.

Wer ...

... hat die Pommes erfunden?

Die Belgier oder die Franzosen? – Beide streiten sich noch heute darum. Frittierte Kartoffelstäbchen wurden zum ersten Mal in Belgien gegessen. Die ärmeren Einwohner in belgischen Städten lebten von den Fischen, die sie aus Flüssen angelten. Doch im Winter waren die Wasserläufe zugefroren. Wovon sollten sich denn jetzt die Belgier ernähren? Kartoffeln hatten sie genug. Also schnitten sie diese in die Form von kleinen Fischen und brieten sie in Fett, wie sie es zuvor mit den Fischen gemacht hatten.

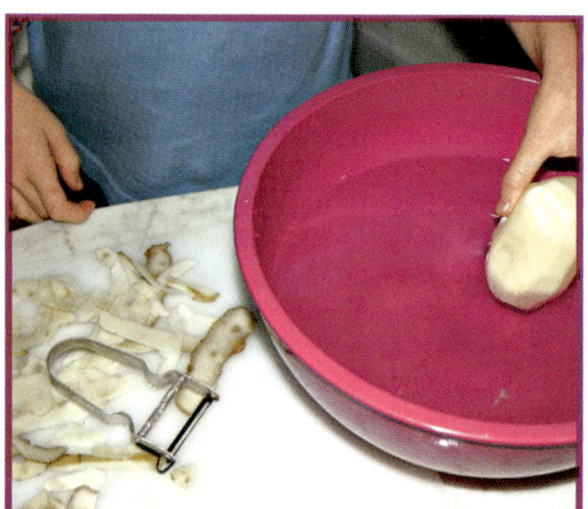

1 **Spüle die Kartoffeln** mit Wasser ab und schäle sie mit dem Schälmesser. Gib sie in eine Schüssel mit kaltem Wasser, so werden sie nicht braun.

2 **Nun kannst du** die Kartoffeln halbieren, dann nochmals der Länge nach durchschneiden und danach in Pommes-Stäbchen schneiden.

3 **Trockne** die Pommes mit einem Küchentuch ab. Bestreiche ein Backblech mit Öl oder lege Backpapier auf das Blech. Verteile nun die Pommes darauf.

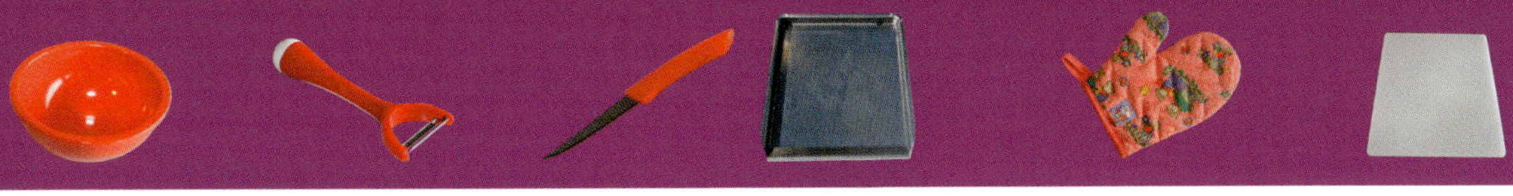

Schüssel Schälmesser Messer Backblech Topfhandschuh Backpapier

4 **Gib noch** etwas Öl darüber und schiebe das Blech in den auf 180 Grad vorgeheizten Backofen. Oder mische sie vorher mit der Hand in einer Schüssel mit dem Öl und gib sie dann aufs Backblech.

5 **Nach** ca. 20–25 Minuten sind die Pommes goldbraun gebacken und du kannst das Blech aus dem Ofen nehmen. Ziehe dazu Topfhandschuhe an. Nun noch salzen und fertig sind die Pommes!

PROFITIPP

Oder lieber Farmer-Kartoffeln? Kartoffeln waschen, ungeschält halbieren, auf das mit Öl bestrichene Backblech legen und mit Rosmarin oder Kümmel bestreuen. Etwa 2 EL Öl darüberträufeln und im vorgeheizten Backofen bei 180 Grad etwa 25 Minuten backen.

Diese Geräte brauchst du:

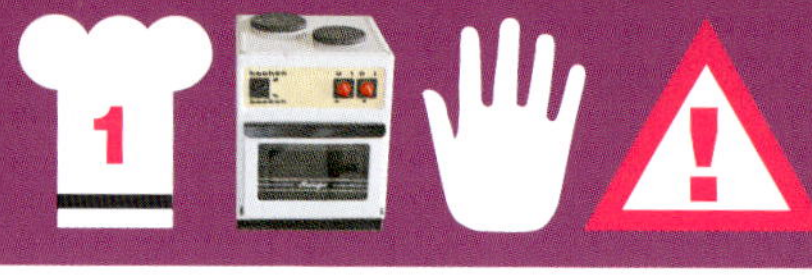

Rösti

Eine Spezialität aus der Schweiz. Ist ganz schnell gebraten und schmeckt super. Ich mag dazu Spiegeleier, Papi Kalbsbratwurst. Rösti kannst du aus rohen oder aus gekochten Kartoffeln („Gschwellti" in der Schweiz) machen.

Das brauchst du für 1 Rösti aus rohen Kartoffeln:

- [ ] 1–2 fest kochende Kartoffeln
- [ ] 1 EL Bratbutter
- [ ] 1/2 TL Salz

Woher …

… kommen die Rösti?

Um die Mitte des 19. Jahrhunderts entstand die Rösti im Kanton Zürich. Die Bauern aßen zum Znüni und als Morgenessen im Mittelalter Brei- und Milchspeisen, die dann durch „Rösti" (auf Schweizerdeutsch „Rööschti"), also gebratene Kartoffeln abgelöst wurden. Der Siegeszug setzte sich in allen Regionen der Eidgenossenschaft fort. Man kann die Rösti mit diversen Zutaten wie Speck, Zwiebeln, Käse, Gemüse, Äpfel usw. anreichern, ja sogar mit Käse überbacken.

1 **Schäle die** Kartoffeln. Reibe sie mit der Röstireibe. Drücke den Saft aus, gib die Kartoffeln in eine Schüssel und salze sie.

2 **Lass die** Bratbutter in der Bratpfanne heiß werden und gib dann die geriebenen Kartoffeln dazu. Forme sie mit der Bratschaufel zu einem flachen Kuchen.

3 **Lass sie** nun zugedeckt bei mittlerer Hitze ca. 15 Minuten goldbraun braten. Nun die Rösti wenden. Dazu die Rösti auf den Deckel stürzen und mit der ungebratenen Seite wieder in die Pfanne gleiten lassen. Hole dir hierbei Hilfe.

Bratpfanne mit Deckel

Bratschaufel

Röstireibe

Kartoffelschäler

Küchenbrett

Schüssel

4 **An den** Pfannenseiten etwas Butter dazugeben und nochmals ca. 15 Minuten braten.

Wie …

… mache ich Kartoffelkleister?

Aus Kartoffeln kannst du einen Stoff herstellen, mit dem du Papier kleben kannst. **Und so geht's:** Gib geriebene Kartoffeln auf ein sauberes Küchentuch. Raffe dieses oben zusammen und presse den Kartoffelsaft in eine Schüssel aus. Lass diesen Saft 1 Stunde stehen. Nun hat sich die Stärke der Kartoffel abgesetzt. Gieße die Flüssigkeit vorsichtig ab, so dass am Boden nur noch die Stärke übrig bleibt. Gib die Stärke mit Wasser im Verhältnis 1:2 in einen Topf und lass dieses Gemisch 30–45 Minuten auf dem Herd bei mittlerer Stufe eindicken. Fertig ist der Kleister!

Pizza, Pizza, Pizza

Hast du schon **selbst Pizza** gemacht? Das geht **ganz einfach!** Gigi hat es uns in seiner **Pizzeria** gezeigt. Wichtig ist, dass du den **Teig dünn auswallst** und in der Mitte eine kleine **Mulde** eindrückst, so dass ein **Rand** wie bei einem **Teller** entsteht. Dann Tomatenmasse, **Mozzarella** und deinen Belag darauf verteilen. Ab in den Ofen – fertig ist die Pizza!
Mmh, die **schmeckt herrlich.**

Pizza, Pizza, Pizza!

Was ist eine Pizza?

Ein dünner Boden aus Hefeteig, den man durch die gründliche Vermengung von Weizenmehl, Hefe, Salz, Olivenöl und Wasser erhält. Auf diesem Boden, der meistens die Form einer Scheibe mit leicht erhöhtem Rand hat, werden dann verschiedene Zutaten verteilt.

Was heißt eigentlich das Wort Pizza?

Angeblich kommt es aus dem Dialekt der italienischen Stadt Neapel. „Piz'za, piz'za", soll es dort früher aus den Backstuben getönt haben. „Ruck-ruck" bezog sich dabei auf die Bewegung des Pizzaiolos (Pizzabäcker), der die Pizza aus dem Ofen gezogen und hineingeschoben hat. Oder darauf, wie der Teig geknetet wurde. Andere sagen „Pizza" leitet sich vom arabischen Wort „pita" = Brot ab.

Woher haben die Pizzas ihre Namen?

Die Zutaten für den Belag sind typisch für die jeweiligen Pizzas und geben ihnen ihren Namen. **Margherita:** nur Tomaten und Mozzarella, **Napoli** (dort wurde die Pizza zwischen dem 18. und 19. Jahrhundert berühmt): mit Sardellen, **Quattro Stagioni**: mit viererlei verschiedener Beilagen. Oder kreiere **deine eigene Pizza. Pizza Victoria,** Pizza Salami, Pizza Ananas. Du kannst auch nach dem Backen noch frische Tomaten, Rucola, Oliven oder was du möchtest daraufgeben.

Woher hat die Pizza Margherita ihren Namen?

Königin Margherita von Savoyen aß in Neapel bei Raffaele Esposito anlässlich ihres Aufenthaltes 1889 eine Pizza. Am besten schmeckte ihr die Pizza mit Tomaten und Mozzarella, die der Pizzabäcker in den Farben der Nationalflagge mit Basilikum (grün), Mozzarella (weiß) und Tomaten (rot) belegte, so dass sich die italienische Königin mit einem Briefchen bei Don Raffaele dafür bedankte. Von da an nannte er diese Pizza – Margherita. Dieser Name wurde von allen neapolitanischen Pizzabäckern übernommen und fand dann überall seine Verbreitung.

Was ist eine Pizza Calzone?

Dies ist eine belegte Pizza, die einfach der Länge nach zusammengefaltet wird, bevor sie in den Ofen kommt. Allerdings musst du diese Teigtasche mit einer Gabel an mehreren Stellen einstechen und die Ränder fest zusammendrücken, bevor sie in den Ofen kommt. Bei 200 Grad etwa 15 Minuten backen, dann auf 150 Grad zurückschalten und nochmals ca. 10 Minuten knusprig backen.

Ist Pizzaessen ungesund?

Nein, vor allem nicht, wenn du sie selbst machst. Sie liefert mit ihrem Teig, Gemüsebelag und Käse lauter wichtige Nährstoffe.

Warum schwingt der Pizzabäcker die Pizza durch die Luft?

Der professionelle Pizzabäcker formt jede Teigportion durch rasches Kreisen in der Luft zur „pettola“. So wird der Teig zu einer fast perfekten kreisrunden Scheibe von der gewünschten Dicke und mit erhöhtem Rand, wie ein Teller.

Kann man fertigen Pizza-Teig kaufen?

Ja, die Supermärkte verkaufen fertigen Pizza-Teig, auch schon ausgerollt, so dass du ihn nur noch belegen musst. Auch Mozzarellawürfelchen gibt es schon fix und fertig zu kaufen.

2

Pizza-Teig selbst gemacht

Das macht Spaß, da kann ich so richtig Teig kneten. Mami liest mir die verschiedenen Schritte vor und hilft mir dabei. Sie sagt, der Teig muss immer wieder ruhen. Deshalb kaufen wir auch schon mal fertigen Pizza-Teig.

Das brauchst du für 2 Pizzas:

Für den Teig:

- [ ] 300 g Weizenmehl Type 405 oder italienisches Mehl Type 00
- [ ] 5 g Hefe
- [ ] 1 TL feines Salz
- [ ] 1 TL Olivenöl
- [ ] 200 ml lauwarmes Wasser, kann auch etwas mehr oder weniger sein, hängt von der Luftfeuchtigkeit und Mehlsorte ab
- [ ] etwas Mehl zum Bestäuben

Warum ...

... lässt Hefe den Teig größer werden?

Hefe ist lebendig, ist ein Pilz und ernährt sich von Zucker. Wenn sie den Zucker aufisst, bildet sich dabei ein Gas namens Kohlendioxid. Da das Gas nicht aus dem Teig entweichen kann, bilden sich Luftblasen. Beim Backen im Backofen wird die Hefe zerstört, aber die Luftblasen bleiben und machen das Brot, die Pizza und das Hefegebäck so locker.

PROFITIPP

Wer eine Teigknetmaschine hat, kann den Teig mit dem Knethaken in dieser kneten. Ist einfacher und geht schneller. Lass dies dann von Älteren machen.

1 **Siebe** das Mehl in eine Schüssel. Drücke in die Mitte eine Mulde. Gieße das Wasser langsam hinein.

2 **Die Hefe** zerbröckeln und dazugeben. Oder vorher in eine Tasse mit 2 EL lauwarmem Wasser bröckeln und glatt rühren. Alles mit den Händen gut durchmischen. Olivenöl und Salz dazugeben und wieder alles gut durchkneten.

Diese Geräte brauchst du:

Messer 2 Schüsseln Messbecher Mixer oder Teigrührmaschine Teigsieb

3 **Alles ca. 10 Minuten** zu einem glatten Teig kneten, der sich leicht von den Händen löst. Nach Bedarf noch etwas Wasser oder Mehl dazugeben. Aus dem Teig eine Kugel formen, mit einem feuchten Tuch zudecken.

4 **Lass den** Teig an einem warmen Ort 2 Stunden gehen. Knete ihn danach weitere 10 Minuten mit bemehlten Händen kräftig durch. Forme eine Rolle.

5 **Schneide** die Teigrolle in 3 bis 4 Teile, je nach Größe der gewünschten Pizza. Nun kannst du den Teig auf einer bemehlten Fläche ausrollen und deine Pizza belegen. Siehe die Anleitung dazu auf Seite 60.

Die große Runde

Wir alle lieben Pizza. Stellas Lieblingspizza ist die Pizza Margherita. Ich mag sie lieber noch mit Salami, Victoria mit Ananas, Mami mit frischem Rucola, Minitomaten und Parmesankäse, Oma die Quattro Stagioni, Papi mit Meeresfrüchten. Wir dürfen bei Gigi in der Pizzeria unsere Pizza selbst machen. Das macht Spaß und schmeckt.

Das brauchst du für 1 Pizza:

Für den Teig:

- [ ] siehe Seite 58–59 oder fertigen Teig kaufen

Für die Tomatensauce zum Bestreichen:

- [ ] 1 kleine Dose geschälte Tomaten (pomodori pelati)
- [ ] 1 Prise Basilikum
- [ ] 1 Prise Oregano
- [ ] 1 Prise Salz
- [ ] 90 g Mozzarella in ganz kleine Würfel geschnitten

Zum Belegen:

- [ ] Ananas, Salami, Schinken, Basilikumblätter

Gibt …

… es verschiedene Tomatensorten?

Es gibt mehrere hundert verschiedene Tomatensorten. Große, kleine, mini, runde, längliche, birnenförmige und sogar gelbe Tomaten werden auf der ganzen Welt angepflanzt und gegessen. Alle haben einen Namen und sind unterschiedlich im Geschmack. Bei uns kennt man sie besser unter Fleischtomaten, Strauchtomaten, Cherrytomaten, Ramati, usw.

1 **Walle** den Teig mit einem Wallholz zu einem dünnen runden Tellerteig aus. Und gib auf die Arbeitsfläche genügend Mehl.

2 **Drücke** dann den Teig nochmals mit bemehlten Händen gleichmäßig flach. Nimm dazu beide Handflächen, so dass ein flacher Teigfladen mit außen leicht höherem Rand entsteht.

Diese Geräte brauchst du:

Pürierstab Schüssel Messer Löffel Wallholz Backblech Backpapier

3 **Püriere mit** einem Pürierstab die geschälten Tomaten, das Oregano, Basilikum und Salz. Verteile die Sauce mit einem Löffel gleichmäßig auf dem Teig.

4 **Schneide** den Mozzarella in kleine Würfel. Streue diese darauf, so dass der ganze Teig damit bedeckt ist.

5 **Oder nimm** weitere Beläge wie Ananas, Salami, Schinken, Thunfisch, Champignons – einfach was du gerne isst. Dann ab in den auf 250 Grad vorgeheizten Ofen. Nach 8–10 Minuten ist die Pizza fertig.

Minipizzas

Bei der Minipizza-Party machen wir viele kleine Pizzas in allen Variationen. Da können wir uns richtig kreativ entfalten, sagt Mami. Das macht Spaß. Und wie lecker die schmecken!

Das brauchst du für 6 Minipizzas:

Für den Teig:

- siehe Seite 58–59 oder fertigen Teig kaufen

Für die Tomatensauce zum Bestreichen:

- 1 kleine Dose geschälte Tomaten (pomodori pelati)
- 1 Prise Basilikum
- 1 Prise Oregano
- 1 Prise Salz

Für den Belag:

- Mozzarella
- Zucchini
- Salami oder Schinken
- Ananas
- Mais
- Champignons
- Thunfisch

TEIG MACHEN: Schau auf Seite 58–59! Oder du kaufst einen fertigen Teig. Es gibt ihn auch schon ausgewallt oder auf Pizzaformen. Fix und fertig. Dann musst ihn nur noch belegen.

PROFITIPP

Lade deine Freunde zum gemeinsamen Pizza-Backen ein und macht euch bunte Blechpizzas mit allen Belägen, die ihr gerne esst!

1 **Salz, Oregano** und Basilikum zu den geschälten Tomaten aus der Dose geben und alles mit dem Pürierstab pürieren. Auf dem Pizza-Teig verteilen.

2 **Mozzarella** in kleine Würfel schneiden und auf die Pizzas geben. Weitere Belege wie Ananas, Salami, Champignons, Schinken, Zucchini, Tomaten bereitstellen.

Diese Geräte brauchst du:

Pürierstab Schüssel Messer Backblech Topflappen Backpapier

3 **Belege** dir deine Pizza so, wie du willst und es dir schmeckt. Dann ab in den auf 250 Grad vorgeheizten Ofen.

4 **Nach** 5–8 Minuten sind die Minipizzas fertig. Und wie die schmecken!

Gemüse & Salate

Sie sind die **Fitmacher** für alle Lebenslagen, **ultragesund** und enthalten **viele Vitamine.** Das weiß doch jedes Kind. Dass sie aber auch **gut schmecken,** überhaupt nicht langweilig sind, du sie **roh und gekocht** essen kannst, wirst du hier erfahren. Wir haben nur unsere **Lieblingsgemüse und -salate** ausgewählt. **Probiere** sie ganz schnell selbst aus.

Vitaminbomben Gemüse und Salate

Woher kommt der Name Vitamine?

Er ist eine Zusammensetzung aus dem Lateinischen **„Vita“** (Leben) und **„amin“**, was auf eine organische Stickstoffverbindung verweist.

Was hat Kapitän Cook mit Vitaminen zu tun?

Bei seinen Seereisen im 18. Jahrhundert hat Kapitän Cook seiner Mannschaft als erster Gemüsesuppen und Sauerkraut gegeben. Bei seiner Weltumseglung nahm er auf den Inseln jeweils nicht nur Süßwasser, sondern auch Grünpflanzen an Bord für die Mahlzeiten seiner Mannschaft. So blieb diese vor schlimmeren Mangelerscheinungen und Krankheiten verschont.

Was bedeuten die Buchstaben bei den Vitaminen?

Es gibt zwei Gruppen von Vitaminen, fettlösliche und wasserlösliche. Jedes Vitamin hat seinen Namen. A, D, E und K sind fettlöslich. Unser Körper kann diese nur nutzen, wenn wir sie auch zusammen mit Fett aufnehmen. Deshalb beispielsweise bei Karotten etwas Butter dazugeben. Die anderen sind wasserlöslich, wie B1, B2, B6, B12 und C. Das bekannteste ist allerdings das Vitamin C. Vitamine musst du täglich aufnehmen, damit du gut versorgt bist, denn dein Körper kann diese lebensnotwendigen Stoffe nicht selbst herstellen. Du solltest sie mit der Nahrung aufnehmen, sonst wirst du krank. Gemüse, Salate und Obst sind Vitaminbomben. Auch andere Nahrungsmittel wie z. B. Milch, Kartoffeln, Vollkornbrot, Reis, Fleisch und Eier enthalten viele Vitamine. Achte deshalb auf eine ausgewogene Nahrung.

Ist eine ausgewogene Ernährung lebensnotwendig?

Ja, es gibt ja auch ein bekanntes Sprichwort: „Du bist, was du isst". Wenn du dich mit einer abwechslungsreichen Kost versorgst, dich nicht einseitig ernährst, nimmst du genügend Vitamine auf. Also nicht nur Nudeln essen, dazu auch Fleisch, Gemüse, Salate. Und an Stelle von Limonaden Milch trinken.

Woher kommt der Name Zucchini?

Im Italienischen bedeutet zucca „Kürbis" und zucchina kleiner Kürbis, zucchini ist die Mehrzahl. Im Deutschen wurde dann Zucchini auch für eine einzelne Zucchini verwendet. Es gibt sie in Grün und in Gelb, die bekannteste ist die grüne Zucchini. Die Schweizer sagen auch Zucchetti. Am besten schmecken sie in der Größe 10–20 cm, roh und gekocht. Wenn man sie wachsen lässt, erreichen sie die Größe von Kürbissen. Auch die Blüten sind essbar, man kann sie füllen.

Helfen Zwiebeln gegen Ohrenschmerzen?

Ein „zwiebeliger" Ohrenwickel hilft. Zwiebeln klein schneiden, in ein Tuch geben und im Tuch stampfen, bis der Saft austritt. Das Tuch aufs Ohr legen, ein Tuch darüberlegen und mit einem Band um den Kopf befestigen. Leicht erwärmt wirkt dieses Hausmittel noch besser.

Unsere Lieblingsgemüse

Als Gemüse mögen wir alle Zucchini, Blumenkohl, Karotten, Brokkoli und Süßmais. Aber bitte keinen Blattspinat. Wenn Spinat, dann nur den mit dem „Blubb“. Der Blumenkohl muss weich gekocht sein. Karotten essen wir eigentlich lieber roh, die kann man schön knabbern. Bei Paprika, Lauch und Kohl schüttelt es uns. Butterbohnen sind auch noch okay. Erbsen fieselt Stella sogar aus der Paella. Süßmais lieben wir alle.

Das brauchst du für 2 Personen:

- [ ] 2 Karotten
- [ ] 1 kleiner Blumenkohl
- [ ] 2 kleine Zucchini
- [ ] 3 Brokkoliröschen
- [ ] 1 Prise Salz
- [ ] Aromat
- [ ] flüssige Butter
- [ ] 1 Prise Zucker

PROFITIPP

Zucchini und Karotten kannst du, wenn sie gekocht sind, mit wenig Butter in der Pfanne kurz anschwenken. Den Süßmais kochen und mit Butter und etwas Salz essen. Schmeckt lecker.

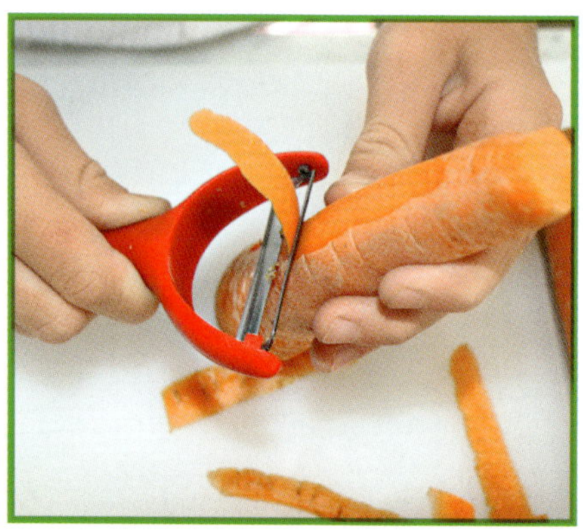

1 **Wasche das** Gemüse kurz in kaltem Wasser. Karotten musst du erst schälen und dann in Ringe oder Stifte schneiden. Beim Brokkoli kannst du die Röschen vom harten Stiel abtrennen.

2 **Den Blumenkohl** kochst du im Ganzen. Entferne die äußeren Blätter und schneide den Strunk ab.

Diese Geräte brauchst du:

3 Töpfe Holzlöffel Rüstmesser Rüstbrett Bratpfanne Gemüseschäler

3 **Bei den** Zucchini schneidest du beide Enden ab und dann die Zucchini entweder in Ringe oder dünne Stifte schneiden.

4 **Gib jede** Gemüsesorte allein in einen Topf mit so viel Wasser, dass das jeweilige Gemüse bedeckt ist. Bei Karotten kannst du noch ein wenig Zucker dazugeben.

5 **Koche nun** das Gemüse gar, das heißt so weich, wie du es gerne isst. Gemüse soll zart und knackig sein, viele lieben es jedoch ganz weich. Richte es hübsch auf dem Teller an.

Gemüse im Wok

Das geht ganz schnell und schmeckt lecker. Oma sagt, da sind noch viele Vitamine drin. Mami liebt es scharf und tut noch etwas Chili rein. Mag ich gar nicht. Ich kann sowohl mit dem Kinderwok wie auch mit Mamis großem Wok kochen.

Das brauchst du für 1 Person:

- 1/2 Zucchini
- 1/2 Tomate
- 1 dicke Scheibe Aubergine, geschält
- 6 Bohnen (du kannst auch noch anderes Gemüse nehmen, z. B. Brokkoli)
- 1 TL Öl
- Salz und Aromat

Was ...

... ist ein Wok?

Ein Wok ist ein asiatischer Kochtopf, der vor allem in der chinesischen Küche zu den wichtigsten Küchengeräten gehört. Es ist eine hohe, durchgehend gewölbte Pfanne aus Gusseisen, Stahlblech, Edelstahl oder Aluminium. Beim Wok gibt es keinen Unterschied zwischen Boden und Wand, es ist alles wie eine Kugelkappe geformt. Die Hitze konzentriert sich hauptsächlich auf das Zentrum, so dass durch Verschieben des Gemüses die gewünschte Hitze gewählt werden kann. Woks werden zum Braten, Dünsten, Frittieren, Schmoren, Kochen und Dämpfen verwendet.
Die wichtigste Gar-Methode ist jedoch das Pfannenrühren. Bei uns werden Woks mit abgeflachtem Boden für unsere Herde angeboten. In der chinesischen Küche kommt der Wok auf eine offene Feuerstelle, auf Kohleherde oder spezielle Gasbrenner.

PROFITIPP

Du kannst in den Wok nicht nur Gemüse, sondern auch in feine Streifen geschnittenes Fleisch, Sprossen, gekochten Reis und Nudeln geben. Wenn du es gerne asiatisch magst, gib etwas Sojasauce hinzu.

1 **Schneide** Zucchini, Tomate und Aubergine in kleine Würfel, die Bohnen in kleine Teile.

2 **Stelle den Wok** auf die heiße Herdplatte und gib zuerst das Öl, dann das Gemüse in die Pfanne.

Diese Geräte brauchst du:

Rüstbrett | Wok mit Deckel | Holzlöffel | Rüstmesser | Schüssel | Handschuh

3 **Mische das** Gemüse durch Umrühren mit einem Holzlöffel gut miteinander.

4 **Gib dann** den Deckel drauf. Stelle die Hitze der Herdplatte auf mittel zurück und lass das Gemüse ca. 5–10 Minuten durchdämpfen. Probiere, ob es schon weich ist, und würze alles mit etwas Salz und Aromat.

Unser Megasalat

Ein tolles Mittagessen im Sommer, dazu Baguette oder dunkles Bauernbrot. Wir schneiden alles rein, was der Kühlschrank hergibt und was uns schmeckt. Vor allem Romana-Salat, Gurken, Servelat oder Lyonerwurststückchen, Thunfisch aus der Dose, harte Eier und Tomaten. Du kannst alle Salatsorten nehmen, die du magst. Die Salatsauce erst kurz vor dem Essen beifügen und gut durchmischen.

Das brauchst du für 4 Personen:

- 1 kleiner Romana-Salat
- 2 große Hände voll Blattsalate nach Wahl
- 1 weißer Chicorée
- 1 mittelgroße Gurke
- 3 Tomaten oder 12 Cherrytomaten
- 2 harte Eier
- 1 kleine Dose Thunfisch in Öl
- 2 Servelat oder 1/2 Lyonerring
- 1 Mozzarella in Lake

Für die Salatsauce:

- 1 EL Dijonsenf
- 2 EL Weinessig
- 1 EL Balsamico-Essig
- 10 EL Olivenöl
- Salz, Aromat

Was ...

... sind das für komische Salatnamen?

Rapunzel, Nüsslisalat, Lollo rosso, Eisberg, Romana, Eichblatt, Babyleaf, na ja, es gibt ja auch noch den bekannten Kopfsalat.

1 **Salate** putzen, waschen, in mundgerechte Stücke schneiden und trockenschleudern. Wenn du fertig eingeputzten Salat aus dem Supermarkt hast, kannst du diesen direkt verwenden. Tomaten vierteln oder in Scheiben schneiden. Den Salat in die Schüssel geben.

2 **Eier schälen,** halbieren und in Viertel schneiden. Gurke schälen, halbieren und in kleine Stücke schneiden. Wursthaut entfernen und die Wurst in Ringstücke oder Halbmonde schneiden. Alles zu den Blattsalaten geben.

Schüssel Salatbesteck Schneidebrett Rüstmesser Schälchen Schäler Rührbesen

3 **Lass dir** die Dose mit Thunfisch öffnen und gieße das Öl ab. Nimm den Mozzarella aus der Lake im Beutel und schneide ihn in kleine Stücke. Halbieren, vierteln und dann in Würfel schneiden. Alles zum Salat geben und gut durchmischen.

4 **Bereite** jetzt die Salatsauce zu. Gib den Senf, Salz und Aromat in die Schüssel. Gieße den Essig dazu und vermische es gut mit dem Rührbesen. Nun das Öl dazugeben und nochmals mit dem Rührbesen alles gut sämig rühren.

5 **Mische** den ganzen Salat gut durch und gieße nun die Salatsauce darüber. Jetzt nochmals alles gut durchmischen.

Salate, Salate

Cool – denn Salat ist megagesund. Am besten, du isst vor jedem Hauptessen einen Teller Salat. Er bekämpft den Heißhunger, sagen Papi und Oma. Oder Salat als Hauptgang, superlecker im Sommer. Frisch, knackig und vitaminreich, das sind die Eigenschaften eines wirklich feinen Salates. Wir dürfen uns auch unsere Salatsauce selbst machen. Am besten schmeckt sie uns mit Olivenöl, Balsamico-Essig und Aromat.

Das brauchst du für 1 Tomaten-Mozzarella-Salat:

- 2 Tomaten
- 1 Mozzarella-Kugel
- Basilikumblätter

Das brauchst du für den Grünen Salat:

- Such dir die Salate dazu aus, die du magst und die gerade frisch zu kaufen sind. Kopfsalat, Löwenzahnsalat, Feldsalat, Mesclun, Jungspinat, Cicorino rosso und verde, Romanaherzen, Babyleaf
- Salatsauce

Was ...

... ist Mozzarella?

Ein Frischkäse aus Kuhmilch, der sehr mild ist. Es gibt auch den Mozzarella di bufala, der dann aus Büffelmilch hergestellt wurde. Dieser ist etwas würziger. Uns schmeckt der Kuhmilch-Mozzarella am besten. Es gibt ihn auch ganz klein, „Ciliegi“, sagen die Italiener. Mozzarella eignet sich sehr gut auch zum Überbacken und gehört auf jede Pizza.

TOMATEN-MOZZARELLA-SALAT:

1 **Schneide** zuerst die Tomaten und dann die Mozzarella-Kugel in nicht zu dicke und möglichst gleichmäßig große Scheiben.

2 **Lege** abwechselnd eine Scheibe Tomate und eine Scheibe Mozzarella auf den Teller. Gib Basilikumblätter nach Belieben drauf.

Diese Geräte brauchst du:

Teller Messer Schneidebrett Gabel

GRÜNER SALAT:

Wasche die Salatblätter von deinen Lieblingssalaten, lass sie gut abtropfen oder schleudere sie in der Salatschleuder trocken. Teile große Blätter von Hand in mundgerechte Stücke und richte den Salat auf die Teller an. Die Salatsauce erst kurz vor dem Essen daruntermischen. Lass geschnittenen Salat und Gemüse nie im Wasser liegen. Vitamine und Mineralstoffe werden sonst herausgespült.

PROFITIPP

So wäschst du Salate: Spülbecken voll kaltes Wasser laufen lassen. Zupfe vom Salat die Blätter ab und wasche sie im Wasser. Tomaten, Gurken, Zucchini im Ganzen nur kurz ins Wasser geben. Lass die Salate im Sieb abtropfen.

Bunter Tünklisalat

Die Franzosen sagen dazu „Crudité“, die Italiener „Pinzimonio“, dort ist es eine Spezialität. Dies ist mein Lieblingssalat, den wir alle von Hand essen dürfen. Da suche ich mir die Salate aus, die ich am liebsten mag.

Das brauchst du für 4 Portionen:

- 500 g Gemüse und Salate, wie Gurken, Karotten, Stangensellerie, Fenchel, Tomaten, Radieschen, Kopfsalat, Romana (unser Lieblingssalat), weißer Chicorée, Artischocken, Champignons, Cherrytomaten, Frühlingszwiebeln und praktisch jedes andere knackige Gemüse, das roh schmeckt

Für die Salatsauce:

- 1 EL Balsamico-Essig
- 4 EL Olivenöl
- Salz und Aromat

1 **Teile die** Blattsalate in einzelne ganze Blätter. Wasche diese in kaltem Wasser und gib sie in ein Abtropfsieb.

2 **Bei festköpfigen** Salaten wie roter und weißer Chicorée, den Strunk unten abschneiden. In kaltem Wasser waschen.

3 **Bei Zucchini,** Fenchel und Gurken Strunk abschneiden und dann wie Tomaten, Radieschen, Gurken etc. im Ganzen waschen. Karotten schälen.

4 **Alle Salate** dekorativ in einer Salatschüssel oder in einem Korb anordnen. Dazu eine Salatsauce machen. Pro Person ein kleines Schälchen dafür eindecken.

Diese Geräte brauchst du:

Abtropfsieb | 2 Schüsseln | Rüstmesser | Schneidebrett | Löffel | Gabel

SALAT-SAUCE:

1 **Den Balsamico-Essig** in die Schüssel geben.

2 **Das Öl** dazugeben und mit einer Gabel oder Rührbesen gut durchmischen.

3 **Mit Salz** und Aromat würzen.

Wie ...

... esse ich den Tünklisalat?

Nimm dir von den Salaten so viel, wie du magst. Von den ganzen Gemüsen einen Teil runterschneiden, den Rest wieder zurück in die Schüssel legen. Etwas Salatsauce in das Schüsselchen geben. Den Salat reintunken und essen. Deshalb „Tünklisalat".

OCEANSIDE

Fleisch & Fisch

Zu Fleisch gehören auch alle **Geflügel-, Wild-** und **Wurstwaren.** Bei Fischen musst du zwischen **Süßwasser-** (aus Seen und Flüssen) und **Meerfischen** (aus dem Meer, Salzwasser) unterscheiden. Iss **abwechselnd** Fleisch und Fisch. Schau beim Einkaufen beim Metzger oder an der Fischtheke auf die Herkunft. Kaufe Fleisch aus **Bio-Aufzucht,** aus artgerechter Haltung. Beim Fisch **nur frische Ware** einkaufen.

An der Wursttheke

Was gibt es für Wurstarten?

Rohwurst besteht aus rohem Fleisch, Speck und Gewürzen. Sie wird frisch gegessen oder getrocknet, z. B. **Mettwurst, Salami, Landjäger. Brühwurst,** aus feinem Brät, wird häufig unter Zusatz von Pökelsalz hergestellt, z. B. **Wienerle, Lyoner, Weißwurst.**

Kochwurst wird vorwiegend aus bereits gekochten Zutaten wie Leber, Zunge oder Fleisch hergestellt, mit Blut, Grütze oder Gelee gebunden und teilweise auch geräuchert, wie z. B. **Presskopf, Schwartenmagen, Blut- und Leberwurst.**

Was ist artgerechte Haltung?

Die Tiere haben sehr viel mehr Raum, um sich zu bewegen. Rinder weiden auf natürlich gedüngten Wiesen. Hühner können den Stall verlassen, um im Freien zu scharren, picken und herumzulaufen. Bio-Bauern geben ihren Tieren natürliches Futter, ohne Antibiotika.

Schau, dass deine Mami nur Fleisch aus artgerechter Haltung kauft und möglichst kein tiefgefrorenes oder vakuumiertes. Der Geschmacksunterschied ist groß. Frage deinen Metzger, woher sein Fleisch kommt. Er kann dir sicher auch den Herkunftsbetrieb nennen.

Wie wird Wurst hergestellt?

Wurst ist eine Zubereitung aus zerkleinertem Fleisch, Speck, Salz und Gewürzen. Das Brät wird in Därme gefüllt und je nach Sorte durch Kochen gegart oder durch Trocknen und/oder Räuchern konserviert. Es wird möglichst frisches Fleisch (Schwein, Rind, Kalb, aber auch Lamm, Geflügel, Wild und Speck) verwendet.

Gibt es Menschen, die aus religiösen Gründen kein Fleisch essen?

Viele Religionen haben im Bezug auf den Verzehr von Fleisch bestimmte Vorschriften. So ist im Judentum und im Islam das Essen von Schweinefleisch untersagt.

Beim Hinduismus wird insbesondere das Rind verehrt. Weil es als heilig gilt, ist der Verzehr von Rindfleisch verboten. Im Christentum wird auf Fleisch an Freitagen, im Karneval an Aschermittwoch, dem Beginn der Fastenzeit, und besonders am Karfreitag verzichtet.

Was heißt Karneval?

Dies kommt aus dem Lateinischen: „carne vale", übersetzt „Fleisch lebe wohl".

Was sind Vegetarier?

Dies sind Leute, die in ihrer Ernährung den Verzehr von Tieren meiden. Die echten Vegetarier (Veganer) verzichten zusätzlich auch auf das Essen von Lebensmitteln tierischen Ursprungs, wie Milch, Eier, Käse und Honig.

Wie atmen Fische unter Wasser?

Sauerstoff, den wir zum Atmen brauchen, befindet sich auch im Wasser in gelöster Form. Zur Atmung nimmt ein Fisch Wasser durch das Maul auf. Dieses strömt durch den Schlund und tritt, nachdem es durch die Kiemen geströmt ist, wieder aus. Dabei entnehmen die Kiemen den Sauerstoff aus dem Wasser, der dann sofort ins Blut übergeht.

Fische atmen wie Landtiere ein und aus, nur nehmen sie statt Luft Wasser auf. Wenn sie den Sauerstoff aus der Luft nehmen würden, müssten sie rasch sterben.

Fischers Fritz fischt frische Fische – Wie du frischen Fisch erkennst!

Fisch darf nie fischig riechen, sonst ist er alt. Frische Fische sind steif. Die Kiemen müssen leuchtend rot sein. Die Augen sollten klar und glänzend sein, nicht trübe. Frischer Meeresfisch riecht nach Meer. Seine Schuppen müssen sauber und unbeschädigt sein. Der Fisch muss feucht und glänzend aussehen. Frische Fische sind von einem klaren, schleimigen Film überzogen. Fischfilets sollten fest und undurchsichtig sein, nicht schlapp. Frischen Fisch musst du innerhalb von 36 Stunden essen.

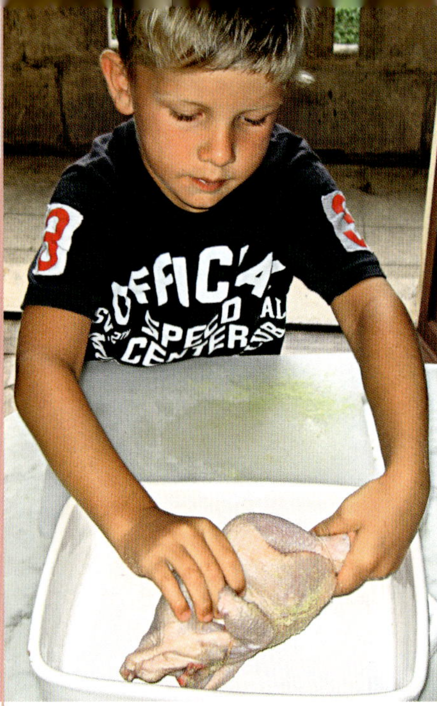

2

Hähnchen

Oma kauft immer Stubenküken. Die sind in 30 Minuten Bratzeit fertig. Ich darf sie würzen und in den Ofen tun. Besonders mögen Victoria und ich die knusprige Haut und die Schenkel, hmmm, lecker. Die dürfen wir von Hand „abnagen".

Das brauchst du für 1 Hähnchen:

- 1 Hähnchen
- 20 g Butter
- 1 TL Aromat
- 1 TL Salz
- 1 Zweig Rosmarin
- 4 cl Wasser

Was …

… sind glückliche Hühner?

Glückliche Hühner leben auf dem Bauernhof mit Auslauf. Eine Henne legt etwa 300 Eier im Jahr. Man züchtet Hühner aber auch wegen des Fleisches. Viele leben beengt in Legebatterien. Wenn du einkaufst, schau auf die Bezeichnung „freilaufend". Übrigens: Unsere Haushühner stammen vom wilden Bankivahuhn aus Indien ab.

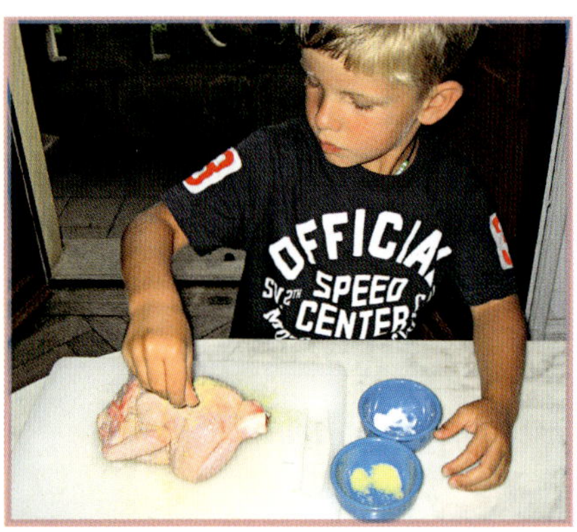

1 **Wasche** das Hähnchen und trockne es mit Küchenpapier ab. Bestreue es nun rundum und im Bauch mit Salz und Aromat.

2 **Gib nun** den Rosmarinzweig in die Bauchhöhle. So bekommt das Fleisch einen guten Geschmack.

3 **Lege das Hähnchen** in einen Bräter, Brust nach oben. Streiche es nun gut mit der Butter ein.

Diese Geräte brauchst du:

Küchenbrett Teelöffel Bräter Messer Topflappen

4 Gieße das Wasser auf den Bräterboden und schiebe den Bräter in den auf 200 Grad Umluft vorgeheizten Backofen auf die zweitunterste Schiene. Nimm am besten einen Topflappen dazu.

5 Hole das Hähnchen nach 20 Minuten aus dem Ofen (lass dies von einem Erwachsenen machen) und wende es. So kann die untere Seite auch knusprig und goldbraun werden. Nochmals 10 Minuten backen.

PROFITIPP

Je größer das Hähnchen ist, umso mehr musst du es von innen und außen würzen. Größere Hähnchen brauchen auch eine längere Bratzeit. Auf die gleiche Art kannst du auch Hähnchenschenkel oder -flügel braten. Nimm etwas weniger Wasser. Sie sind in ca. 20 Min. fertig.

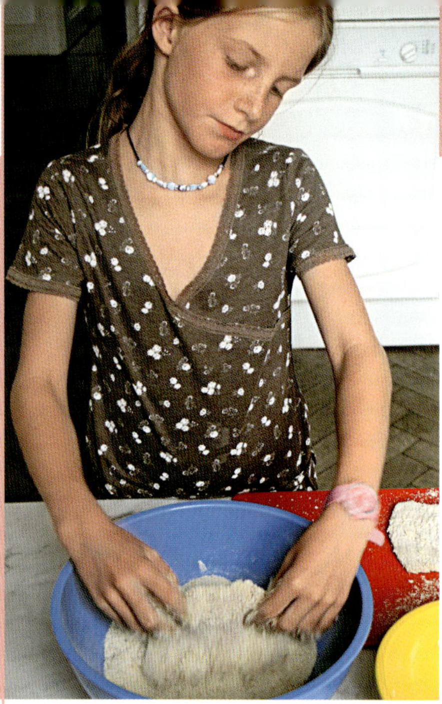

Schnitzel paniert

Ich kenne kein Kind, das Schnitzel paniert nicht gerne mag. Ein richtiges Sonntagsessen. Da dürfen wir auch mal Pommes dazu essen. Mit Ketchup oder Mayonnaise schmeckt es besonders gut, mmmh. Opa nascht immer.

Das brauchst du für 1 Schnitzel:

- 1 dünn geschnittenes Truthahnschnitzel (man kann auch Kalbfleisch nehmen)
- 1 Ei
- 4 EL Mehl
- 4 EL Semmelbrösel oder Paniermehl
- 1 Zitronenscheibe zum Ausgarnieren
- 4 EL Öl zum Anbraten
- Salz und Aromat zum Würzen

Was ...

... hat das Wiener Schnitzel mit Wien zu tun?

Ursprünglich wurde dieses Rezept in Norditalien kreiert. Der österreichische Feldmarschall Radetzky brachte es Ende des 19. Jh. nach Wien. Das war ein mit Mehl, Ei und Brösel ummanteltes und im Fett goldbraun ausgebackenes Kalbsschnitzel. Das ist alles, was es mit Wien zu tun hat. Aber wenn man ein Schnitzel „Wiener Schnitzel" nennt, dann muss es aus Kalbfleisch sein. Sonst ist es ein paniertes Schnitzel oder ein Schnitzel Wiener Art.

1 **Schlage das Ei auf** und verquirle es in der Schüssel. Gib Mehl in eine 2. Schüssel und Semmelbrösel in die 3. Schüssel.

2 **Würze** von beiden Seiten das Schnitzel, Achtung, nimm nicht zu viel Salz.

3 **Drücke nun** das Schnitzel in das Mehl, so dass es von beiden Seiten gut mit Mehl bedeckt ist.

Diese Geräte brauchst du:

Bratpfanne 3 Schüsseln oder Suppenteller Rüstbrett Gabel

4 **Ziehe das Schnitzel** durch die Eimasse, so dass es von beiden Seiten gut mit Ei bedeckt ist.

5 **Drücke** das Schnitzel in die Semmelbrösel, wende es, nun von der anderen Seite. So, dass die Semmelbrösel gut am Schnitzel kleben. Gib das Öl in die Bratpfanne und lass es heiß werden.

6 **Lege nun** vorsichtig das Schnitzel in das Öl. Vorsicht – Öl spritzt! Dreh die Hitze von heiß auf mittel herunter und brate das Fleisch von der einen Seite ca. 2–3 Minuten an. Wende es mit einer Gabel und brate es nun von der anderen Seite nochmals ca. 2–3 Minuten an. Dabei die Hitze auf klein stellen, damit das Schnitzel nicht anbrennt.

Geschnetzeltes

Mmmh, dies ist eines unserer Leibgerichte. Ganz einfach in der Zubereitung. Wir nehmen dazu Truthahnfleisch. Als Beilage Nudeln, Rösti oder Reis. Da sind unsere Teller schnell leer. Übrigens: Gänseblümchen sind essbar.

Das brauchst du für 1 Person:

- 80 g Truthahnfleisch, geschnetzelt
- 1 EL Bratbutter
- 1 dl Sahne
- Salz und Aromat

1 **Bratbutter in** der Bratpfanne warm werden lassen. Das geschnetzelte Fleisch dazugeben und braten lassen. Dann mit einem Holzlöffel oder Pfannenwender wenden, so dass es von allen Seiten leicht angebraten ist.

2 **Würze mit** Salz und Aromat das Fleisch. Wende es dabei mit der Bratschaufel, damit es rundum gewürzt ist. Besser ist weniger Würze, du kannst immer noch nachwürzen. Victoria kocht mit der Pfanne vom Kinderherd auf der großen Herdplatte, Tom mit der großen Bratpfanne. Beide „Geschnetzelte“ waren gleichzeitig fertig. Du kannst aber auch mit der kleinen Pfanne auf dem Kinderherd kochen, allerdings musst du dann etwas mehr Zeit zum Braten einplanen.

Diese Geräte brauchst du:

Bratpfanne

Bratschaufel oder Holzlöffel

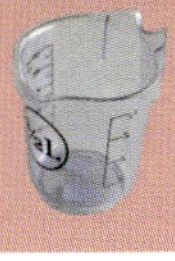

Messbecher

3 **Etwa 1 dl Sahne** dazugeben und nochmals alles umrühren.

4 **Wenn die Sauce** anfängt zu köcheln, Pfanne sofort vom Herd nehmen und anrichten.

PROFITIPP

Du kannst auch kleine Schnitzelchen nehmen. Diese zuerst würzen, dann auf beiden Seiten anbraten und die Sahne dazugeben. Lass die Sahne kurz aufköcheln. Du kannst die Schnitzel vorher auch mit etwas Mehl bestäuben, so bindet die Sauce stärker.

Spareribs Schälrippchen

Die schmecken besonders gut und ich darf sie von Hand essen. Ich kann sie richtig abknabbern. Papi nimmt dazu eine superscharfe Sauce, phuu, die brennt auf meiner Zunge. Meine Sauce ist fantastisch und süß.

Das brauchst du für 1–2 Portionen Schälrippchen am Stück (ca. 8 Knochen):

- 4 kleine Spareribs/ Schälrippchen (kannst du beim Metzger bestellen)
- Honig
- Balsamico-Essig
- Ketchup
- Salz, Aromat, wenn du magst, Pfeffer

PROFITIPP

Besonders gut schmecken die Spareribs auch auf dem Holzkohlengrill gebraten, als Barbecue. Wenn du für Papi die Schälrippchen würzen willst, gib noch etwas Tabasco und Chili zur Honig-Ketchup-Mischung dazu.

1 **Würze mit** Salz, Pfeffer und Aromat die Rippchen von beiden Seiten.

2 **Gib in ein** Schüsselchen etwas Honig, Balsamico-Essig und Ketchup.

3 **Rühre mit** dem Rührbesen alles kräftig durch, damit es kräftig vermischt ist.

Diese Geräte brauchst du:

Schneidebrett Schüsselchen Messer Pinsel Rührbesen Backblech

4 **Streiche mit** einem Pinsel diese Honig-Ketchup-Mischung auf beide Seiten der Rippchen.

5 **Gib die** Rippchen im Ganzen auf ein Backblech und lass sie bei 200 Grad von beiden Seiten braten, bis sie schön braun sind. Ca. je 10 Minuten.

6 **Schneide** zwischen den einzelnen Knochen die Spareribs in einzelne Teile. Mach's wie Tom auf dem linken Bild. Lass dir dabei helfen.

Fisch im Ofen

Fisch mit feinen Gräten mag ich gar nicht. Doch diese haben ganz feste, die sehe ich sofort. Und das Fleisch schmeckt megagut, vor allem wenn ich noch etwas Olivenöl draufträufle. Fische vorher schuppen lassen. Ungeschuppt nur auf dem Barbecue-Grill machen.

Das brauchst du für 2 große Esser und 2 kleine Esser:

- 2 Meeresfische à ca. 400 g (z. B. Dorade, Branzino), geschuppt
- 3 Kartoffeln
- 1 Zucchini
- 4 Karotten
- 2–3 Zwiebeln (am besten schmecken die weißen, mild sind die roten)
- etwas Brühe
- Rosmarin
- reichlich Salz zum Würzen
- Olivenöl

Warum ...

... weinen wir beim Zwiebelschneiden?

Zwiebeln enthalten ätherische Öle. Wenn du eine Zwiebel aufschneidest, werden diese Öle als ganz winzige stark riechende Tröpfchen frei. Diese fliegen dann durch die Luft und gelangen in deine Augen. Deine Augen produzieren dann sofort Tränenwasser, um diese Zwiebeltröpfchen wieder herauszuspülen. Du musst weinen. Zwiebelschneiden ohne Tränen: Spüle die Zwiebeln vor dem Schälen und Schneiden mit kaltem Wasser ab. Halte Schneidebrett, Messer und Hände kurz unter fließendes Wasser. Schneide die Wurzeln immer zuletzt ab!

1 **Rüste** das Gemüse. Kartoffeln, Zwiebeln und Zucchini in Scheiben schneiden. Karotten halbieren oder vierteln.

2 **Gib etwas** Olivenöl in den Bräter und lege darin das Gemüse so aus, dass ein richtiges Beet entsteht.

Diese Geräte brauchst du:

Bräter Küchenbrett Rüstmesser Kartoffelschäler

3 **Würze** die Fische von beiden Seiten kräftig mit Salz. Gib noch Salz und, wenn du hast, einen Rosmarinzweig in die Bauchhöhle. Lege die Fische auf das Gemüsebeet in den Bräter.

4 **Gib noch etwas** Öl und Brühe darüber. Schiebe den Bräter in den auf 200 Grad vorgeheizten Backofen auf die untere Rille. Nach ca. 30–40 Minuten sind die Fische gar und können mit dem Gemüse gegessen werden.

PROFITIPP

Ein Fisch ist gar, wenn sich das Fleisch leicht von den Gräten löst. Fischfilets immer mit der Hautseite nach unten in wenig Öl in der Pfanne braten. Das Fleisch gart durch. Du kannst es beobachten. Dann wenden und die andere Seite ganz kurz braten, anrichten.

Hamburger Cheeseburger

Kein Schnellrestaurant macht so gute Hamburger wie wir zu Hause. Jeder von uns belegt sie so, wie er es gerne hat. Basti mag sie am liebsten mit Zwiebeln, ich nur mit Ketchup und Tom mit Mayonnaise und Käse.

Das brauchst du für 4 Burger:

- 4 Hamburger-Brötchen mit oder ohne Sesam
- 250 g Rinderhackfleisch vom Metzger
- 1 Eigelb
- Käsescheiben für Cheeseburger
- Ketchup
- Mayonnaise
- Salatblätter von Kopfsalat oder Romana-Salat, gewaschen
- 2–3 Tomaten, in Scheiben geschnitten
- 1/2 Zwiebel, in Ringe geschnitten
- 1/2 TL Salz
- 1/2 TL Aromat
- Pfeffer nach Wunsch
- etwas Öl

Kommen ...

... die Hamburger aus Hamburg?

Nein. Die Amerikaner haben dieses Gericht erfunden. Die Burger wurden mit Speckscheiben belegt, auf Englisch „ham" genannt, deshalb Hamburger, oder mit Käse, „cheese", deshalb Cheeseburger.

1 **Gib das Hackfleisch** in die Schüssel und würze es mit Aromat und Salz, nach Wunsch auch mit Pfeffer.

2 **Trenne das Eigelb** vom Eiweiß und gib es zum Fleisch dazu.

Diese Geräte brauchst du:

Schüssel Küchenbrett Grillpfanne Teelöffel Pfannenwender

3 **Mische nun die** Zutaten gut miteinander. Du kannst dafür deine sauberen Hände nehmen, oder aber auch eine Gabel.

4 **Teile die** Fleischmasse in vier gleiche Teile und mache daraus kleine Bällchen. Lege diese nun auf das Küchenbrett und forme sie zu runden flachen Burgern.

5 **Stelle die Grillpfanne** auf die Herdplatte mit großer Hitze. Gib etwas Öl in die Pfanne. Wenn es heiß ist, lege die Hamburger hinein. Achte darauf, dass du dich nicht verbrennst, denn das Öl spritzt leicht. Lass dir helfen. Grille das Fleisch auf beiden Seiten etwa 5 Minuten, bis es auch von innen durch ist.

6 **In der** Zwischenzeit kannst du die Brötchenböden mit Mayonnaise bestreichen und 2–3 Salatblätter darauflegen. Darauf das gebratene Fleisch, darüber Ketchup, Tomatenscheiben, Zwiebelringe, Käse, Mayonnaise, Senf – ganz so, wie es dir schmeckt. Nun die fertigen Burger noch für 3–5 Minuten in den vorgeheizten Backofen geben, rausnehmen und reinbeißen.

1

Sandwichería-Pausenbrote

Ob für die Schule, für Picknick oder zum Brotzeit machen, Sandwiches sind einfach hipp und schmecken supergut. Jeder hat sein bevorzugtes Brot und kann es belegen, wie er es mag. Für mich bitte Kalbsleberwurst.

Das brauchst du für 4 Sandwiches:

- Brot, Brötchen, Baguette, Laugenknoten
- Butter oder Mayonnaise
- Folie zum Einpacken

Zum Belegen nach Wahl:

- Salatblätter
- Tomatenscheiben
- gekochte Eier
- Gurkenscheiben
- Apfelscheiben
- Käse, Mozzarella
- gekochten Schinken, rohen Schinken, Speck, Lyonerwurst, Würstle, Salamischeiben, Kalbsleberwurst, Mettwurst
- Thunfisch, kalten Braten, Hacksteak, Schnitzel, Leberkäse
- Nutella, Konfitüre

1 **Semmeln** in zwei Hälften schneiden. Mit Butter oder Mayo bestreichen. Salatblätter waschen.

2 **Nach Wahl** belegen mit Tomaten, Käse, Leberwurst, gekochten Eiern, Schinken, Hotdog, Wurst.

Schinken-Ei-Baguette: mit gekochtem oder rohem Schinken, Ei und Salat

Leberwurst-Sandwich: mit Kalbsleberwurst

Diese Geräte brauchst du:

Küchenbrett Messer Folie

Vegetarisches Sandwich:
mit Salat, Tomaten, Eiern und Käse

Laugen-Knoten:
mit Gurke, Tomate und gekochtem Schinken

Thunfisch-Sandwich:
mit Salat, Thunfisch und Tomate

Zitronen = sauer

Zucker = süß

Süß-sauer-salzig-bitter

Mit deiner **Zunge** kannst du schmecken, ob etwas **süß, sauer, salzig** oder **bitter** ist. Dank der ganz kleinen **Geschmackspapillen** auf der Oberseite der Zunge. Hast du schon gemerkt, dass du nicht überall gleich empfindest? Auf der Zungenspitze den **salzigen** Geschmack, im vorderen Teil der Zunge den **Zuckergeschmack,** auf den Seiten **sauer** und am Zungenhintergrund **bitter.**

Salz = salzig

Chicorée = bitter

Geschmackssinn-Geruchssinn

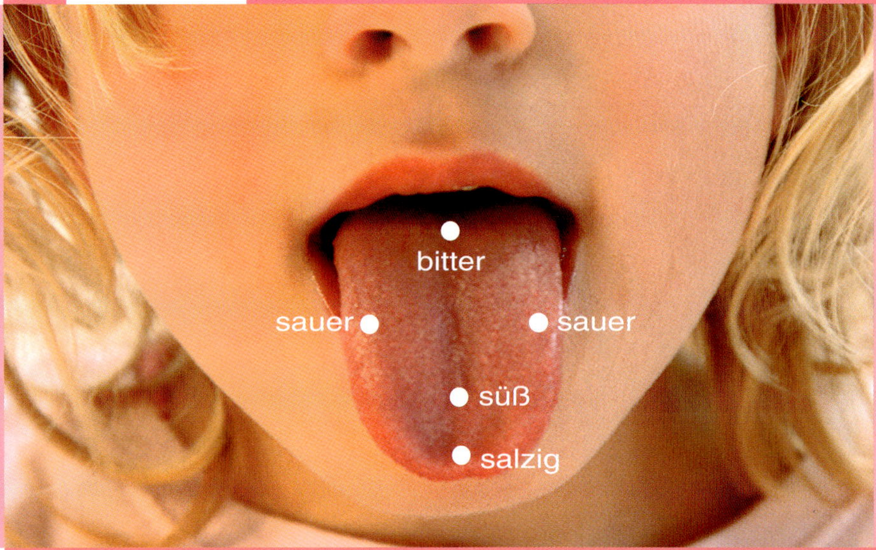

Ist bitter gesund?

Bitterstoffe regen die Verdauung an und fördern den Appetit. Kaffee, Gemüse wie Chicorée, Rosenkohl und die Schale von Gurken enthalten Bitterstoffe. Diese werden jedoch heute aus den Pflanzen rausgezüchtet.

Du kannst die unterschiedlichen Geschmacksrichtungen zwar auf der Zunge schmecken, doch wenn du zum Beispiel die Nase zuhältst und ein Stück Schokolade isst, schmeckt dieses nicht so gut, als wenn du noch mit der Nase den Geschmack der Schokolade riechen kannst. Oder wenn du ein Glas Apfelsaft mit Lebensmittelfarbe grün färbst, dieses, ohne zu sagen, was es ist, einem Erwachsenen zum Probieren gibst, wird er sagen, dass es einen komischen Geschmack hat. Wenn er jedoch die Augen schließt und nicht sieht, welche Farbe das Getränk hat, dann kann er keinen Unterschied zum ungefärbten Apfelsaft feststellen. Deshalb, weil man einen Geschmack auch mit den Augen „probiert“.

Was ist eine Zitrone?

Die Zitrone ist eine Zitruspflanze mit etwa faustgroßer Frucht, mit gelber oder grüngelber Schale. Sie wächst auf Zitronenbäumen. Das Fruchtfleisch hat einen sehr sauren Geschmack (Zitronensäure) und einen hohen Vitamin C-Anteil. Ein Zitronenbaum trägt gleichzeitig Blüten und Früchte ganzjährig.

Warum ist Zucker weiß und braun?

Die Farbe unseres Haushaltzuckers, weiß oder braun, beruht auf der Herstellungsmethode. Weißer Zucker ist im Gegensatz zum braunen Zucker hoch gereinigt und nahezu unbegrenzt haltbar. Brauner Zucker schmeckt leicht karamellartig. Zucker wird in Europa aus der Zuckerrübe gewonnen, in anderen Erdteilen aus Zuckerrohr.

Wer hat die Zuckerrübe entdeckt?

Im Jahr 1749 entdeckte ein Berliner Apotheker namens Marggraf, dass der Zucker aus der heimischen Runkelrübe mit dem des tropischen Zuckerrohrs identisch ist. Dessen Schüler Achard machte diese Entdeckung wirtschaftlich nutzbar. Er

züchtete Rüben mit einem höheren Zuckergehalt und stellte 1798 den ersten Rübenzucker der Welt groß technisch her. Vor dieser Zeit kannte man lediglich eingedickten Zuckerrohrsaft von Plantagen aus Südamerika.

Wie entsteht aus Rüben Zucker?

Nach der Ernte werden die Zuckerrüben gewaschen und zerkleinert. Heißes Wasser löst anschließend den zuckerhaltigen Zellsaft aus den Rübenschnitzeln. Aus diesem gereinigten Dünnsaft entsteht durch Eindampfen der Dicksaft. Aus dem Dicksaft wird schließlich Sirup, der zu braunem Rohzucker und flüssiger Melasse auskristallisiert. In weiteren Reinigungsstufen entsteht aus dem Rohzucker mit noch anhaftenden Melasseresten weißer Raffinadezucker (Haushaltzucker).

Woher kommt das Salz?

Aus Salinen (der weitaus größte Teil), aus dem Meer (Camargue, Bretagne), aus den Bergen (Salzstollen bei Berchtesgaden), aus Steinsalz (bergmännisch abgebaut). Die Salzgewinnung ist von den meisten Zivilisationen des Altertums bezeugt, doch auch schon früher hatte das Salz einen Platz in der Kultur der Menschen. Schon die Sumerer und Babylonier nutzten Salz zur Konservierung von Lebensmitteln. Durch Salz wurden Städte reich, es wurde vom „weißen Gold“ gesprochen. Städte, die in Verbindung mit Salz stehen, tragen oft das keltische Wort „Hall“ = Salz. So z. B. Halle, Bad Reichenhall, Hallstatt mit dem weltweit ältesten Bergwerk.

Salz als Lebensmittel, Gewürz und Gift:

Speisesalz ist unentbehrlich für die Herstellung von Fleisch- und Wurstwaren, Brot und Käse. Es wird zum Würzen von Speisen genommen. Man unterscheidet zwischen Meersalz, Kochsalz, Kräutersalz und Salz mit chemischen Zusätzen wie Jod und Fluorid. Jeder Mensch braucht für seinen Wasserhaushalt, das Nervensystem, die Verdauung und den Knochenaufbau Salz. Aber Achtung: Übermäßiger Salzkonsum kann lebensgefährlich sein, vor allem für Kinder.

Popcorn

Hmm, ich liebe Popcorn leicht gesalzen! Kommt bei Kinderpartys immer gut an. Und wenn wir in den Kinderzoo gehen, kann ich dort ungewürztes Popcorn kaufen und darf damit viele Tiere füttern. Ponys haben es besonders gerne, ich auch.

Das brauchst du für 2 Portionen:

- 90 g Popcornmais (Puff- oder Perlmais, denn du kannst nur aus diesen Maiskörnern Popcorn machen)
- 3 EL Öl
- 30 g Butter, falls gewünscht
- Salz oder Zucker

Warum ...

... poppt Popcorn?

Eine recht harte Schale schließt die Maiskörner rundum gut ab. Im Innern ist feinst verteiltes Wasser, das in der Stärke des Maiskorns gebunden ist. Wenn es nun erhitzt wird, dehnt sich das Wasser im Korn aus und es entsteht bei genügend Hitzezufuhr Wasserdampf. Dieser erzeugt Druck und die Schale des Korns kann dem Druck in seinem Inneren nicht mehr standhalten. Sie platzt auf und der Dampf entweicht schlagartig mit einem Knall. Dabei fliegt das Maiskorn durch die Gegend. Gleichzeitig schäumt die Stärke durch den Druck des Wasserdampfes auf, kühlt sofort ab, wird fest und du hast Popcorn.

1 **Gib das Öl** in den Topf. Erhitze es bis es ganz heiß ist. Schütte den Mais hinein, so dass der Topfboden gleichmäßig damit bedeckt ist.

2 **Schließe** mit dem Deckel den Topf. Jetzt poppt der Mais etwa 3 Minuten lang, das heißt, er hüpft in dem Topf.

3 **Herd ausschalten** und nachschauen, ob das Popcorn gut ist. Umrühren.

Diese Geräte brauchst du:

Topf mit Deckel

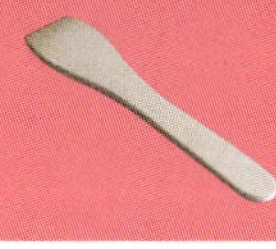
Rührspaten

Schüssel

4 **Nimm den Topf** vom Herd und zuckere oder salze je nach deinem Geschmack das warme Popcorn.

PROFITIPP

Du kannst unter das fertige Popcorn in dem Topf auch ein Stück Butter (ca. 30 g) rühren, dann zuckern oder salzen. Schmeckt auch super!

1

Lolly Pops–Eislutscher

Mit ein paar Eislutscherformen sind die ganz schnell gemacht. Mit Fruchtsaft auffüllen, Stückchen reingeben und einfrieren. Einfach Klasse, wenn an heißen Tagen immer kühles, fruchtiges Eis im Tiefkühlfach liegt.

Das brauchst du für 6 Eisförmchen:

für Obst-Wasser-Eis:

- Obstdrink nach Wahl, z. B. von Granini

für Frucht-Eis:

- 90 g Zucker
- 200 ml kaltes Wasser
- Saft von 4 Zitronen, 3 Orangen, 1 Ananas, 1 Schale Brombeeren

für dreifarbiges Frucht-Eis:

- 1/4 Wassermelone, entkernt und geschält
- 3 Pfirsiche oder Mangos, ohne Steine
- 4 Kiwis, geschält
- 3 EL kaltes Wasser
- 90 g Zucker

für Joghurt-Beeren-Eis:

- 500 g Joghurt, natur
- 50 g Zucker
- 4–5 Beeren pro Förmchen

DREIFARBIGES FRUCHT-EIS: Gib das Fruchtfleisch von jeder Fruchtart einzeln in den Mixer zusammen mit 30 g Zucker und 1 EL Wasser und püriere alles. Fülle die erste Frucht in 1/3 der Eisform und lass es im Tiefkühlfach ca. 1 Stunde gefrieren. Nun die zweite Frucht bis 2/3 der Eisform, wieder 1 Stunde einfrieren lassen, dann die dritte Frucht auffüllen und Deckel drauf. Im Tiefkühlfach mindestens 6 Stunden gefrieren lassen.

FRUCHT-EIS: Koche Wasser und Zucker in einem Topf unter Rühren so lange, bis sich der Zucker aufgelöst hat. Alles erkalten lassen. Den Zitronen-, Orangen-, Ananas- oder Brombeer-Saft dazugeben. In ein Tiefkühlfach stellen und leicht anfrieren lassen. Herausnehmen und gründlich durchrühren. Die Masse in die Eisformen füllen und im Tiefkühlfach mindestens 2 Stunden gefrieren lassen.

Diese Geräte brauchst du:

Eisformen Kochtopf Mixer Sieb Messer Messbecher Schüssel

JOGHURT-BEEREN-EIS: Mische den Joghurt mit dem Zucker und gieße ihn in die Förmchen, zuerst nur bis zur Mitte, dann die Hälfte der Beeren hineingeben. Nun den Rest Joghurt und Beeren reingeben und mit dem Deckel schließen. Ab in den Tiefkühlschrank für 1 Tag.

OBST-WASSER-EIS: Fülle den Fruchtsaft in die Eisformen. Deckel drauf und ab in das Tiefkühlfach. Lass das Eis mindestens 12 Stunden gefrieren.

Was ...

... ist Glacé?

Ein Speise-Eis. Das heißt eine Süßspeise aus Flüssigkeiten wie Wasser, Milch und Sahne, Zucker, eventuell unter Zugabe von Eigelb, Früchten, Vanille, Kakao. Diese wird gerührt und dann in dem Tiefkühler gefroren. Dadurch gelangen feine Luftbläschen in die Masse und die Eiskristalle bleiben klein. Je höher der Fettgehalt und je schneller das Rühren, desto feiner das Eis. Es gibt auch für den Haushalt elektrisch betriebene Eismaschinen. „Ein Eis" heißt auf Französisch „une glace" und auf Schweizerisch „es Glacé".

Diese Geräte brauchst du für die Smoothies:

Smoothies & Milchreis

Milchreis schmeckt lecker und macht satt. Ich mag Zucker und Zimt darübergestreut am liebsten. Du kannst auch Apfelmus, Marmelade, Beeren oder Kompott dazu essen. Und dann noch ein Smoothie, da werde ich ganz stark.

Das brauchst du für die Smoothies:

- 200 g Erdbeeren
- 1 Banane
- 1 TL Zitronensaft

Das brauchst du für den Milchreis:

- 125 g Milchreis
- 1/4 l Milch
- 1/4 l Wasser
- 2 EL Zucker
- 1 Prise Salz

Was ...

... ist „Arroz con leche?“

Dies ist ein spanischer Milchreis. Eine Spezialität, die vorzüglich schmeckt und meistens als Dessert gegessen wird. Nimm dazu für 4–6 Personen 1 l Milch, 100 g Zucker, 2 Päckchen Vanillezucker, 1 Zimtstange (zerbrochen) und die Schalen einer unbehandelten Zitrone und Orange. Erhitze alles zusammen in einem Topf. Rühre kurz vor dem Kochen 100 g Rundkornreis in die Milch. Lass alles 40 Minuten bei kleiner Hitze köcheln und rühre immer wieder um. In Teller oder Formen füllen und erkalten lassen.

PROFITIPP

Milchreis kann man kalt und warm essen, als Hauptmahlzeit oder Dessert. Besonders gut schmecken dazu Zimtzucker, Früchtekompott, Beeren und Rote Grütze. In die Smoothies kannst du auch noch eine Kugel Eis geben.

MILCHREIS:

Gib in einen Kochtopf die Milch, das Wasser und das Salz und lass alles aufkochen. Nun den Reis hineingeben. Hitze auf klein zurückstellen und bei niedriger Hitze ca. 20 Minuten weich kochen. Rühre den Milchreis immer wieder um. Zum Schluss den Zucker unterrühren. Ganz lecker dazu: 5 TL Zucker mit 1 TL Zimt mischen und über den Reis streuen.

SMOOTHIES:

Erdbeeren waschen, das Grüne entfernen und in den Mixer geben. Banane schälen, ebenfalls in den Mixer geben. Den Zitronensaft dazugeben. Mixe bis es cremig ist. Nun in Gläser oder Becher füllen. Du kannst auch Aprikosen nehmen, dann den Saft einer Orange dazu und einen Teelöffel Zucker. Wenn du magst, kannst du noch eine Kugel Erdbeer-, oder Aprikoseneis dazugeben.

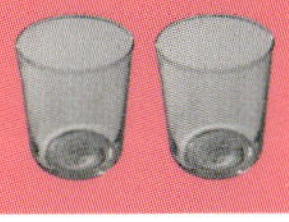

2 Gläser

Mixer

Rührbesen

Und für den Milchreis diese:

Kochtopf

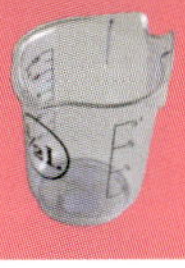

Messbecher

Holzlöffel

Was ...
... sind Smoothies?

Smoothies sind cremige Fruchtgetränke, bei denen die ganze Frucht bis auf Schale und Kerne im Mixer verarbeitet wird. Sie können, je nach Rezept, mit Säften gemischt werden, um eine cremige und sämige Konsistenz zu erhalten. Echte Smoothies bestehen nur aus Früchten und Säften. Banane wird meistens als Grundzutat beigemischt. Du kannst alle Früchte nach deiner Wahl dazu verwenden. Ein echter Vitamindrink. Gibt Power! Du kannst auch noch zu den einzelnen Früchten Joghurt, Milch und Eiscreme beimischen – und „unecht", die Orange auch schälen. Smoothies kommen ursprünglich aus den USA, wo der zuckerkranke Stephan Kuhnau begann, frische Früchte und Nahrungsmittelzusätze zu mischen, um seine Krankheit erfolgreich zu lindern.

Tutti Frutti-Zeit

Cool, megastark und gesund sind unsere fruchtigen Variationen und die Milchshake-Drinks. Mir schmecken die Kirschen am besten direkt vom Baum, die Erdbeeren gewaschen nur mit Zucker, die Himbeeren und Brombeeren vom Strauch. Du kannst auch Aprikosen, Pfirsiche, Pflaumen, Birnen oder andere Früchte nehmen.

Das brauchst du für die Milchshakes:

- 2 dl Milch
- 2 dl Gläser, gefüllt mit Beeren oder klein geschnittenem Obst nach Belieben
- 1 EL Konfitüre oder
- 2 cl Sirup (gleiche Sorte wie Beeren)
- Strohhalme, Blüten oder Beeren zum Dekorieren

Für die Beeren und Früchte in Gläsern:

- 4 cl Gläser, gefüllt mit Beeren oder klein geschnittenem Obst

PROFITIPP

Du kannst der Milch auch noch eine Kugel der gleichen Eissorte oder Eiswürfel beigeben und alles zusammen pürieren oder mixen. Dann hast du ein eisgekühltes Frappé.

MILCHSHAKES:

Gib die Milch in den Messbecher. Füge dann die Beeren und den Sirup oder die Konfitüre hinzu. Mit dem Pürierstab oder Mixer pürierst du alles zusammen, bis der Shake schaumig ist. In Gläser füllen und dann ausdekorieren.

Diese Geräte brauchst du:

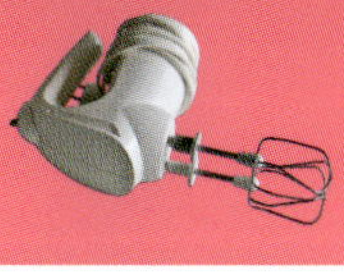

Handmixer

Messbecher

4 cl Gläser oder Espressotassen

Messer

Rüstbrett

FRUCHTGLÄSER:

Schäle die Orange, Banane, Grapefruit und den Apfel, entferne das Kerngehäuse sowie die Kerne und die Schale der Melone und das Grün der Erdbeeren. Schneide jede Frucht einzeln in kleine Stücke und fülle sie in die Gläser.

Süßes ist bei **Groß und Klein** beliebt. **Süßes macht glücklich** und Kuchen macht das Leben süß und ist gar **nicht so schwer** zu machen. Du brauchst dazu einen **Backofen,** ein **gutes Rezept** und ein bisschen **Übung.** Und los geht's ……

Zuckerbäckerei

Backstube & Co

Wer will feinen Kuchen backen, der muss haben sieben Sachen:

Zucker & Schmalz, Eier & Salz, Milch & Mehl – Safran macht den Kuchen gelb. Früher sparte man an Eiern und hat deshalb Safran in den Teig gegeben, damit er gelber wurde.

Woher kommt der Name Schokolade?

Die Azteken nannten ihr Schokoladengetränk „cacahuatl“ (Kakaowasser), die Maya „chocol haa“ (heißes Wasser). Die Spanier hatten Mühe mit dem Erlernen der Mayasprache, so wurden viele Wörter falsch ausgesprochen. Man nimmt an, dass die Spanier aus „chocol – atl“, weil sie es nicht aussprechen konnten, „chocolate“ machten.

Wer hat die Schokolade erfunden?

Die ersten Menschen, die Kakao und Schokolade kannten, waren die Olmeken, ein Indianervolk in Mittelamerika. Sie lebten dort vor über 3.000 Jahren. Von ihnen übernahmen die Mayas und die Azteken die Schokolade. Bei den Indianervölkern wurde sie als Schokoladengetränk genossen. Nach der Entdeckung Amerikas durch Christoph Columbus im Jahre 1492 fand die Trinkschokolade ihren Weg nach Spanien, um sich letztendlich über Italien und Frankreich in ganz Europa auszubreiten. Die Schokolade war früher den Königen, ihrem Gefolge und den obersten Klassen vorbehalten. Im Jahr 1875 erfanden Henri Nestlé und Daniel Peter nach vielen Jahren des Experimentierens die Milchschokolade, so wie du sie heute kennst.

Ist Schokolade gesund oder ungesund?

Da Schokolade viele Vitamine und Mineralstoffe enthält, ist sie gesund, kann glücklich machen und ist gut für die Nerven. Aber leider hat sie auch ungünstige Wirkungen. Der viele Zucker darin greift die Zähne an. Genieße sie deshalb in Maßen. Und putze dir nachher gut die Zähne.

Was ist Gelatine und was ist Agar-Agar?

Gelatine ist ein tierisches Produkt. Sie muss immer ca. 5 Minuten in genügend kaltem Wasser eingelegt und danach abgetropft werden. Wird zum Gelieren verwendet, macht Speisen fest. Agar-Agar ist ein pflanzliches Produkt. Es muss immer ca. 2 Minuten gekocht werden, um gelierfähig zu sein. Es eignet sich am besten zum Gelieren von heißen Flüssigkeiten.

Was ist Backpulver?

Ein so genanntes „Backtriebmittel". In Verbindung mit Feuchtigkeit entwickelt es Kohlensäure. Das macht den Kuchen lockerer und lässt ihn in die Höhe gehen.

Warum sind Kerzen auf dem Geburtstagskuchen?

Damit das Geburtstagskind sich beim Ausblasen der Kerzen etwas wünschen darf und die Glückwünsche besonders gut gehört werden.

Warum feiern wir den Tag der Geburt?

In der Zeit, als die Leute noch an Zauberei und Geister glaubten, gratulierte man, indem sich Freunde und Verwandte zum Schutz dicht um das Geburtstagskind stellten, um es vor den bösen Geistern zu schützen. Und die Kerzen wurden angezündet, weil man glaubte, dass die Geister kein Licht mögen.

1, 2, 3, der einfachste Mürbteig:

Der klassische Teig für Plätzchen und Kuchenböden ist der Mürbteig: 1 Teil Zucker, 2 Teile Fett oder Butter, 3 Teile Mehl, z. B. 100:200:300 Gramm. Dazu noch ein Eigelb, ein Päckchen Vanillezucker eine Prise Salz. Mehl auf den Tisch sieben, Butter in kleine Stücke schneiden, aufs Mehl geben, Zucker und die anderen Zutaten dazu, mit den Händen zu einem Teig kneten, mit Klarsichtfolie abdecken und 1/2 Stunde im Kühlschrank ruhen lassen.

Diese Geräte brauchst du:

Apfelkuchen – Wähe

Die Schweizer sagen zu diesem Kuchen „Wähe“ und machen sie mit vielen Obstsorten wie Rhabarber, Zwetschgen, Aprikosen. Meine Mami fragt mich oft, ob ich wieder eine Wähe für alle mache.

Das brauchst du für 1 Kuchen:

- Kuchenteig, fertig
- 1–2 Eier (je nach Größe)
- 3 EL Zucker
- 1 Tüte Vanillinzucker
- 50 g gemahlene Haselnüsse
- 9 Äpfel oder beim Früchtekuchen 750 g Aprikosen oder Zwetschgen
- 1 dl Milch
- 1 dl Sahne

PROFITIPP

Du kannst auf die gleiche Art auch viele verschiedene Obsttörtchen machen. Du brauchst dazu nur kleine Förmchen. Wenn du keine Nüsse magst, lass sie einfach weg. Beim Aprikosen- oder Zwetschgenkuchen musst du den Teig 10 Minuten ohne Belag backen lassen.

1 **Äpfel** schälen und das Kerngehäuse daraus entfernen. Lass dir helfen.

2 **Schneide** die Äpfel in Schnitze. Gib zuerst Backpapier auf das Backblech und leg dann den Teig darauf.

3 **Falte den** überflüssigen Teigrand und drücke ihn an die Form. Stich mit der Gabel dicht nebeneinander in den Boden, damit er sich beim Backen nicht wölbt.

4 **Verteile** die Haselnüsse gleichmäßig auf dem Teigboden. Sie verhindern das Aufweichen des Bodens.

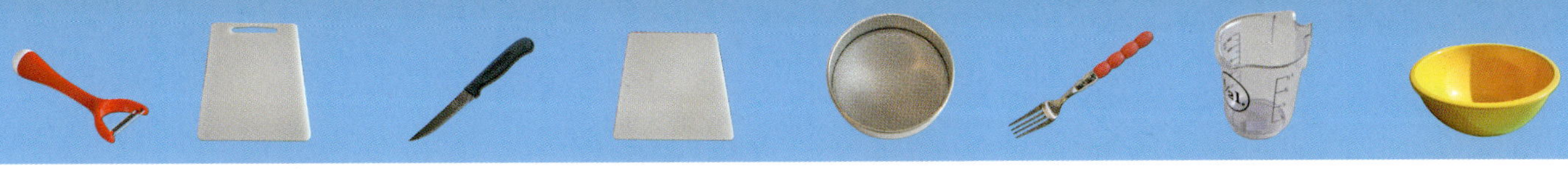

Schäler Küchenbrett Messer Backpapier Backblech Gabel Messbecher Schüssel

5 **Verteile auf** dem Teigboden rundum die Apfelstücke, von außen nach innen.

6 **Verquirle das Ei** in einer Schüssel. Gib Vanillinzucker und Zucker dazu, vermenge alles. Gieße nun die Milch und Sahne hinzu und rühre alles gut zu einem Guss.

7 **Verteile den** Guss über den Kuchen und backe ihn auf der untersten Rille im auf 220 Grad vorgeheizten Ofen ca. 30–40 Minuten.

Diese Geräte brauchst du:

Das brauchst du für 7 Stück Domino-Gebäck:

- 1 fertigen Kuchenteig wie für Spitzbuben
- ca. 100 g rotes Gelee (Johannisbeeren)
- oder Konfitüre (Aprikosen)

Dominos backen

Guetzli mal in einer anderen Form. Die waren ganz schön schwierig zu machen. Aber Roland hat uns dabei geholfen. Einfacher zu backen sind die bekannten Spitzbuben in vielen Formen.

PROFITIPP

Wenn du mehr Konfitüre in den Löchern haben möchtest, kannst du diese noch zusätzlich in die einzelnen Zahlen spritzen. Über Nacht wird sie dann fest. Auf die gleiche Art kannst du auch Spitzbuben in jeder Form und Größe ausstechen. Diese dann mit Puderzucker bestreuen.

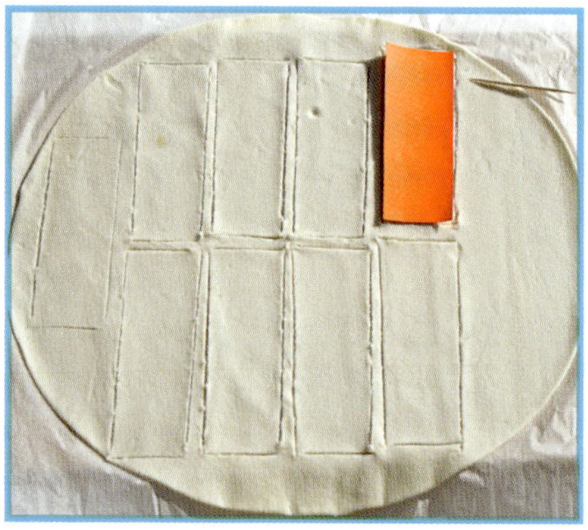

1 **Schneide aus** festem Papier eine rechteckige Form 12 x 4 cm. Lege diese auf den ausgewallten Teig und schneide mit dem Teigrädli oder Messer 14 gleich große Teile aus.

2 **Stich mit** dem runden Ausstecher Löcher entsprechend der Dominozahlen in Teigplatten, und zwar: 0–1, 1–2, 2–3, 3–4, 4–5, 5–6, 6–0. Die anderen 7 lässt du für den Boden ohne Löcher.

Papier oder Karton

Backblech

Backpapier

Teigrädli oder Messer

Runder Ausstecher

3 **Lege nun** die einzelnen Teile auf ein mit Backpapier ausgelegtes Backblech und backe sie im auf 200 Grad vorgeheizten Backofen ca. 6–8 Minuten.

4 **Erwärme** in einem Pfännchen die Konfitüre, rühre sie glatt und verteile sie auf den Böden.

5 **Gib die** Oberteile darauf und lass die Dominosteine über Nacht ruhen. Nun kannst du damit spielen oder sie essen.

Was ...

... ist ein Domino-Spiel?

Domino ist ein Legespiel mit rechteckigen Spielsteinen, die in 2 Felder aufgeteilt sind, auf denen zwischen null und sechs Löcher, genannt Augen, abgebildet sind. Das Doppel-6er-Dominoset enthält 28 Steine. Es gibt mehrere Arten von Dominospielen, deren Ursprung vermutlich in China war.

Diese Geräte brauchst du:

Gabel

Plätzchen backen

Dies ist eine unser Lieblingsbeschäftigungen, vor allem in der Weihnachtszeit. Wir machen den Teig selbst, Mami kauft aber auch fertigen Teig, den wir nur noch auswallen und ausstechen müssen. Auf die Plätzchen, fertig, los …

Das brauchst du für 40 Stück: (je nach Größe der Ausstecher)

- 250 g Mehl
- 130 g Butter
- 120 g Zucker
- 1 Prise Salz
- 2 kleine Eier
- 1 unbehandelte Zitrone
- 1 Eigelb zum Bestreichen

1 **Rühre die** Butter in einer Schüssel weich. Gib Eier, Zucker, Salz hinzu und rühre, bis die Masse hell ist. Reibe dann die Schale der Zitrone hinein.

2 **Nun** kommt das Mehl hinzu und knete alles kräftig durch, bis du einen schönen Teig hast. Decke diesen zu und stelle ihn ca. 2 Stunden kühl.

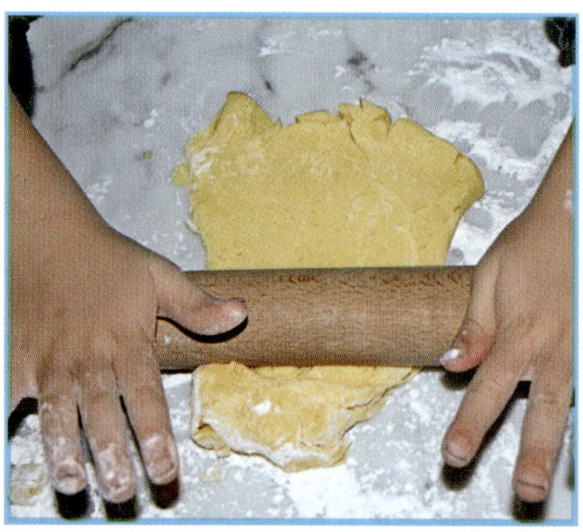

3 **Teile** den Teig in Portionen und walle ihn auf wenig Mehl 5 mm dick aus.

4 **Stich mit** deinen Förmchen die Plätzchen aus, lege sie auf das mit Backpapier ausgelegte Blech und stelle sie 15 Minuten kühl.

Woher …

… kommt das Wort Plätzchen?

Es kommt tatsächlich von „Platz". Das Wort bedeutet seit dem 15. Jahrhundert sowohl „breite öffentliche Straße", als auch „flach geformter Kuchen".

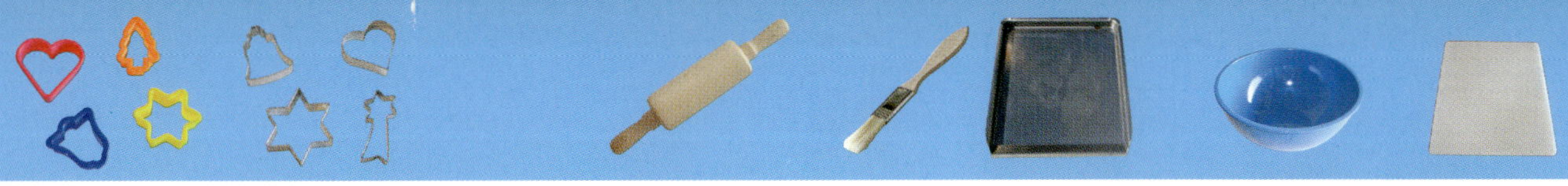

Ausstecher in verschiedenen Formen Wallholz Pinsel Backblech Schüssel Backpapier

PROFITIPP

Wenn du die Ausstecher immer wieder in kaltes Wasser tauchst, bleibt kein Teig daran hängen und das Ausstechen geht leichter. Plätzchen, ohne Eigelb gebacken, können mit farbiger Zuckerglasur, Silberperlen, Dekorzucker oder Schokostreuseln verziert werden.

5 Nun kannst du sie mit dem Eigelb bestreichen und für ca. 10 Minuten in den auf 200 Grad vorgeheizten Backofen geben.

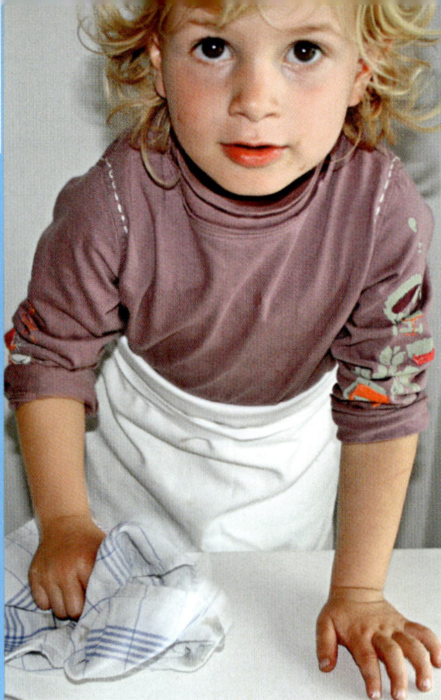

2

Diese Geräte brauchst du:

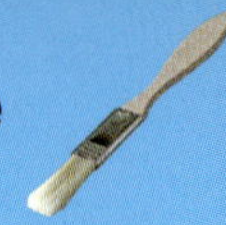

Pinsel

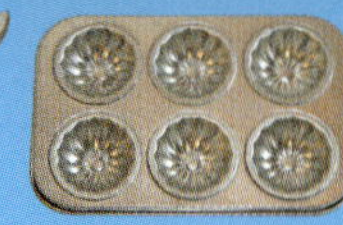

Muffinformen

Muffins

Die sind ganz einfach zu backen und schmecken auch mit einer gekauften Fertig-Backmischung super. Mir macht das Ausgarnieren am meisten Spaß. Bei Geburtstags-Muffins stecke ich noch kleine Kerzen darauf und bei Partys Fähnchen mit dem Namen der Gäste.

Das brauchst du für 4 Muffins:

- 60 g Mehl Type 405
- 45 g Kristallzucker
- 35 g braunen Zucker (Rohrzucker)
- 30 g Butter, flüssig
- 1 Ei
- 110 g Mehl
- 1 Päckchen Backpulver
- 100 ml Milch
- oder eine fertige Muffins-Mischung

Woher ...

... kommen Muffins?

Die Muffins kommen ursprünglich aus England. Dort gab es vor 100 Jahren noch den „muffin man“, der morgens und nachmittags kleine Hefekuchen auf der Straße zum Verkauf anbot. Dann nahmen Engländer, die nach Nordamerika auswanderten, das Muffinsrezept mit. Und so isst man in den USA und Kanada zu allen Tageszeiten und Gelegenheiten Muffins.

PROFITIPP

Man kann noch Schokoraspeln, kandierte Früchte etc. in den Teig geben. Oder wie in China einen Glückskeks daraus machen, in dem man lustige Sprüche oder alte Weisheiten findet.

1 **Mehl, Kristallzucker** und braunen Zucker in eine Schüssel geben. Ein Ei und die flüssige Butter dazugeben. Alles schaumig rühren. Am besten mit einem elektrischen Handrührer. Lass dir dabei helfen!

2 **Mehl** dazusieben und ein Päckchen Backpulver daruntermischen. Die Milch dazugießen und nochmals alles mit dem Handrührer schaumig rühren.

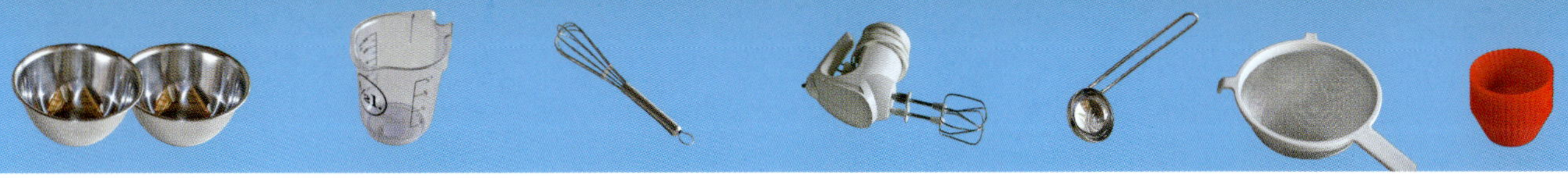

2 Schüsseln | Messbecher | Rührbesen | Handrührgerät | Schöpfer | Sieb | Muffinförmchen

3 **Den Teig** in die vorher mit weicher Butter gefetteten Förmchen oder in spezielle Muffinförmchen aus Papier füllen. Achtung, nicht zu hoch, denn die Muffins gehen noch auf.

4 **Schiebe sie** in den auf 190 Grad vorgeheizten Backofen und lass sie ca. 20 Minuten backen. Im Kinderbackofen viel länger. Lass dir helfen.

5 **Nun kannst** du die Zucker-Glasur draufpinseln und die Muffins ausdekorieren, wie auf Seite 124–125 beschrieben.

2

Diese Geräte brauchst du:

2 Schüsseln Rührbesen

Schokoladenkuchen

Mein Schokoladenkuchen ist ganz leicht zu machen und schmeckt herrlich, mmh! Du kannst auch einen Gugelhupf machen oder eine Herzform nehmen. Und nach Lust und Laune und Ideen dekorieren.

Das brauchst du für 1 Kuchen:

- 300 g Butter
- 225 g Kristallzucker
- 170 g braunen Zucker
- 5 Eier
- 500 g Weizenmehl
- 15 g Backpulver
- 50 g Kakaopulver
- 300–360 g Milch
- 1 Prise Salz

Für den Überzug:

- Schokoladenglasur
- Zum Dekorieren: farbigen Marzipan oder Marzipanrohmasse, Lebensmittelfarben, Gummibärli, bunte Smarties

1 **Rühre die** Butter mit dem Zucker in einer Schüssel schaumig. Siebe das Mehl zusammen mit Backpulver, Kakaopulver und Salz zweimal.

2 **Schlage** die Eier in einer zweiten Schüssel schaumig.

3 **Gib die** Eier langsam zu der Buttermasse und schlage sie mit dem Rührbesen oder Teigrührer.

4 **Gib die** Mehl-Kakaomischung dazu. Ziehe sie mit dem Gummischaber abwechselnd mit etwas Milch darunter.

Backform Ausstechform Zahlen Spachtel Gummischaber Kuchengitter Backpapier Mehlsieb

5 **Gib den** Rest der Milch hinzu und vermische alles gut miteinander, bis du eine schöne Konsistenz von Schokoladenmasse hast. Fette die Form oder lege sie mit Backpapier aus.

6 **Fülle die** Masse hinein und gib sie für ca. 25 Minuten bei 180 Grad in die untere Hälfte des Backofens. Herausnehmen, abkühlen lassen. Erst dann aus der Form nehmen und auf einem Gitter auskühlen lassen.

7 **Verteile den** Schokoladenguss darüber und streiche ihn sofort mit einer Spachtel glatt. Wenn die Glasur ganz trocken ist, kannst du den Kuchen dekorieren.

PROFITIPP

Zeichne, bevor du mit dem Dekorieren anfängst, auf ein Blatt Papier, wie der fertige Kuchen aussehen soll, was du darauf schreiben willst, wie die Anordnung sein soll. Lege dir dann die dafür notwendigen Zutaten bereit und probiere es zuerst auf dem Papier aus.

Diese Geräte brauchst du:

Backblech

Geburtstagskuchen

So sensationell tolle Geburtstagskuchen kannst auch du backen. Für Basti haben wir einen Golfplatz, für Victoria einen Spielplatz gemacht. Ist toll angekommen. Schaut ja auch super aus.

Das brauchst du für 1 großen Kuchen:

- fertigen Biskuitteig zum Anrühren oder BISKUITTEIG:
- 4 Eier
- etwas Salz
- 220 g Zucker
- 1 TL abgeriebene Zitronenschale (unbehandelt)
- 160 g Mehl
- 1 TL Backpulver
- Lebensmittelfarbe

Zur Dekoration:

Marzipan (entweder als Rohmasse, verschiedenfarbig oder mit bunter Lebensmittelfarbe), Gummibärchen, Smarties, kleine Sandspielzeuge, Geburtstagskerzen und -halter, kleine Figürchen zum Dekorieren, Rohrzucker für den Sandplatz, grüne Lebensmittelfarbe für die Wiese, Zuckerguss, Zahnstocher

1 **Lege das** Backpapier auf das Blech und schneide die überstehenden Ränder weg.

2 **Trenne das** Eiweiß vom Eigelb. Gib das Eiweiß, 1 Prise Salz und 3 Esslöffel kaltes Wasser in eine Schüssel und schlage alles zu festem Eierschnee. Er ist fest, wenn du die Schüssel umkehren kannst und kein Eierschnee rausfällt. Lass jetzt den Zucker langsam einrieseln, ziehe ihn mit einem Holzlöffel darunter und schlage noch ca. 2 Minuten weiter.

3 **Schlage** die Eigelbe schaumig, gib die Zitronenschalen und die Farbe dazu. Ziehe alles vorsichtig unter den Eierschnee.

4 **Siebe Mehl** und Backpulver in 3 Portionen darauf, nicht alles aufs Mal, und hebe es darunter.

5 **Streiche** die Teigmasse auf das Backblech und backe es im auf 210 Grad vorgeheizten Backofen auf der mittleren Schiene 6–7 Minuten, bis der Biskuitteig aufgegangen ist.

6 **Nimm das** Biskuit mit dem Backpapier vom Blech und lass es auf einem Gitterrost abkühlen. Zieh das Papier ab. Schneide die Biskuitplatte in der Mitte quer durch, so dass du zwei Teile hast. Lass dies von Erwachsenen machen, damit das Biskuit nicht bricht. Leg den Boden auf ein großes Holzbrett.

7 **Dekoriere** den Deckel, so wie du gerne möchtest und entsprechend deiner Vorlage. Gib auf den Boden Eiscreme oder Schokoladenpudding und lege den dekorierten Deckel vorsichtig drauf. Fertig ist dein Hipp-Geburtstagskuchen.

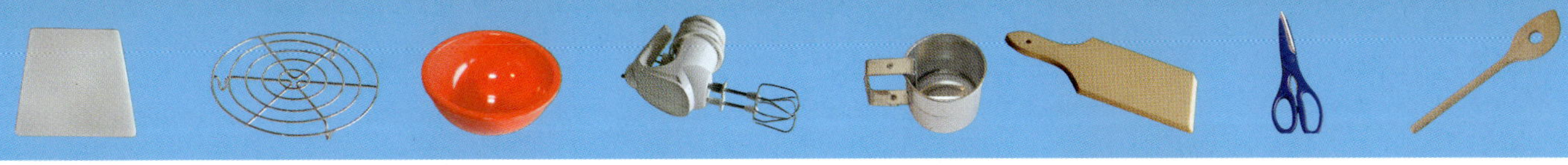

Backpapier Gitterrost Schüssel Handrührgerät Mehlsieb Holzbrett Schere Holzlöffel

ANLEITUNG ZUR DEKORATION:

8 **Zeichne zuerst** auf einem Blatt Papier die gewünschte Dekoration auf. Forme dann aus Marzipan die Schaukel, die Rutsche und die Bäume.

Bereite aus 5 Esslöffeln Puderzucker und 2 Esslöffeln Wasser einen Zuckerguss her und fülle ihn in einen Spritzbeutel. Oder nimm fertigen Zuckerguss. Zeichne nun mit dem Zuckerguss in weiß oder farbig die Linien des Fussballfeldes.

Schreibe z. B. den Namen des Geburtstagskindes oder „Happy Birthday“ auf das Biskuit. Forme aus farbigem Marzipan Rutsche und Schaukel. „Klebe“ die Gummibärle als Figuren auf einen Tupfer Zuckerguss. Mach aus blauen Smarties einen Swimmingpool, mit den braunen einen Weg.

Gib den Rohrzucker als Sand auf eine Ecke und spritze die Umrandung mit Schokoladenguss. Setze die Figürchen, Spielsachen und Kerzen ein. Schon ist die Sandkiste fertig.

PROFITIPP

Du kannst auch einen Mürbteigboden mit Marmelade bestreichen und darauf die erste Lage Biskuit geben. Mache für einen Fußballfan ein Fußballfeld, für Tennisspieler einen Tennisplatz, für Golfer einen Golfplatz, für Reiter einen Reitparcours. Passende Lebensmittelfarbe nehmen für das Biskuit.

2

Dekorieren, verzieren

Glasieren, Apricotieren, was für Namen die Profis verwenden! Ich streiche halt Aprikosenkonfitüre, Schokoladen- und Zuckerglasur auf die Kuchen. Dann dekoriere ich mit vielen verschiedenen Zutaten: Mandelblätter, Marzipanfiguren, Schokodrops, Zuckerstreusel, Smarties, Gummibärli, kandierte Früchte, kleine Figürchen usw.

Das brauchst du für den farbigen Zuckerguss selbst gemacht:

für 8 Muffins:

- 1 EL Puderzucker
- 1 TL Wasser
- 1 Tropfen Lebensmittelfarbe

für 1 Kuchen:

- 5 EL Puderzucker
- 2 EL Wasser
- ein paar Tropfen Lebensmittelfarbe

Stellas schnelle Glasuren:

Puderzuckerglasur:

5 EL Puderzucker und 2 EL Wasser zusammen gut umrühren – fertig – mit Pinsel auftragen.

Schokoladenglasur:

5 EL Puderzucker und 2 EL Wasser gut umrühren, dann 10 g Schokopulver dazugeben und gut durchmischen – fertig – auftragen.

Zuckerguss fertig:

Befolge die entsprechende Anleitung auf der Packung. Es gibt auch fertige farbige Zuckergüsse in Tuben zum direkt auf das Gebäck oder Torten Auftragen.

Was ...

... heißt Apricotieren?

Beim Apricotieren werden 50 g Aprikosenkonfitüre mit 1 Teelöffel Wasser vermischt und in einer Pfanne warm gemacht. Nun dünn auf die Oberfläche des Kuchens pinseln.

... ist eine Glasur?

Das ist der Puderzuckerguss oder Schokoladenguss, der auf den Kuchen, die Muffins oder Törtchen kommt.

Diese Geräte brauchst du:

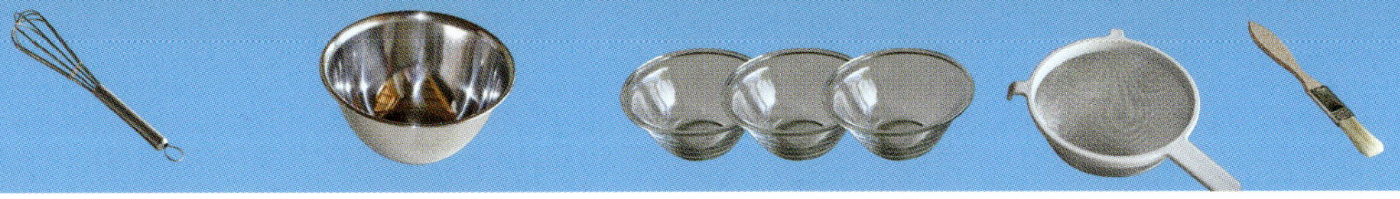

Rührbesen   große Schüssel   3 kleine Schälchen   Sieb   Pinsel

Zuckerguss:

1 **Siebe den** Puderzucker in eine Schüssel. Gib nach und nach etwas Wasser hinzu und verrühre alles zu einer dickflüssigen, cremigen Masse. Damit kannst du Kuchen glasieren.

2 **Fülle etwas** davon in kleine Schälchen. Gib 1–2 Tropfen Lebensmittelfarbe dazu. Rühre, bis es die richtige Farbe und Konsistenz hat. Streiche mit einem Pinsel die Muffins ein.

3 **Fülle** die Spritztüten mit den verschiedenfarbigen Glasuren und verziere die Backwaren mit Schriften, Strichen, Punkten und Ornamenten, ganz nach Belieben.

Buchstaben und Kochfigur sind aus Salzteig gemacht:

Probiere es auch!

Diese Geräte brauchst du: 1 Schüssel, 1 Wallholz, 1 Wasserbehälter, Zahnstocher, Alufolie, Wasserfarben mit Pinsel, Holzlack

Für den Teig:
2 Teile Mehl, 1 Teil feines Salz, 1 Teil Wasser

Und so wird's gemacht:
Alles zusammen in einer Schüssel zu einem Salzteig verrühren. Auf Alufolie den Teig ausrollen und in Buchstaben oder Figuren formen. Dabei immer wieder die Teile gut anfeuchten. Mit dem Zahnstocher die einzelnen Teile zusammenstecken. Dann in einer Alufolie im Backofen auf mittlerer Rille eine Stunde bei ca. 125 Grad backen. Alufolie entfernen, abkühlen lassen, bei Figuren auf der Rückseite einen Aufhängehaken anbringen. Mit Wasserfarben anmalen. Gesichter mit Tusche zeichnen. Trocknen lassen und mit einem Holzlack 2-mal lackieren, dass es glänzt und vor Feuchtigkeit schützt. Du kannst zu jedem Buchstaben etwas malen, z. B. bei A einen Apfel.

Rezepte von A–Z

Es sind alles von Kindern ausgewählte Lieblingsgerichte, eine Hitparade der beliebtesten Kinderessen. Das Buch ist für Kinder von 3 – 15 Jahren gemacht. Und für alle Mütter, Väter, Tanten, Onkel, Opas und Omas, die gerne mit Kindern kochen und Kinder kochen lassen.

Danke

Danken möchte ich vor allem meinen drei super Enkelkindern Stella, Tom und Victoria, die uns für das Buch Modell gestanden sind. Es war oft harte Arbeit und trotzdem für sie ein Spiel. „Oma, wann spielen wir wieder kochen?", fragt Victoria immer wieder. „Wann bin endlich ich dran?", Tom. Und „Ich will auch wieder kochen!" Stella. Sie haben alle aktiv gekocht, gegessen, geschmeckt, ihre Kommentare abgegeben, die Bilder begutachtet, immer von der Seite der Kinder aus. Genau so, wie es Kinder gerne haben und mögen. Endlich durften sie mal so kochen, wie es ihnen schmeckt. Danke – ihr wart alle super!

Danke auch an die älteren Kinder Katharina (17), Sebastian (16) und Alexandra (15), genannt Kati, Basti und Mucki, die bei vielen Aufnahmen dabei waren. Den Kindern bei schwierigen Kochschritten geholfen, Layouts mitgestaltet, die Gerichte nachgekocht haben und an Stelle von Mami, Oma und Onkel Peter mit den Kindern die Essensauswahl und Zubereitung gemacht haben. Kati vor allem beim Backen, Basti leidenschaftlich bei Pizza, Pasta und Fleisch, Mucki bei den Salaten, Gemüsen und Kartoffeln.

Danke auch an die gute Seele Gaby Dresen (Mutter der 3 Kinder), die uns sehr viel geholfen hat, sowohl bei den Aufnahmen, beim Putzen, Herrichten und Aufräumen, wie auch beim Vorlektorat und Begutachten.

Danke allen Fotografen, die an diesem Buch mitgewirkt haben. Sie hatten es oft nicht leicht und haben viel Nerven und Zeit gebraucht. Denn „echte" Kinder-Food- und Step-by-Step-Fotos zu machen, ist sehr, sehr schwer und braucht eine Engelsgeduld.

Danke an Katharina Többen (Neuer Umschau Buchverlag), die es mir ermöglicht hat, so ein wunderschönes Buch zu machen. Ich hoffe, dass wir zusammen noch viele weitere Bücher machen können.

Danke an Petra Kuchenbecker, die für uns schon so schöne Mailings gemacht hat und mir mit ihren Ideen, ihrer Kreativität und ihrem Sich-in-die-Kinder-hineinleben-Können ermöglicht hat, so ein tolles Buch zu machen. Vor allem ein herzliches Dankeschön für die Engelsgeduld, auch bei dem größten Stress und nochmals, und nochmals neuen Bildern. Es war super, mit so einer immer motivierten und aufgestellten Frau zusammen zu arbeiten. So jemanden trifft man selten.

Und ein riesiges Dankeschön an meine Tochter Penny, meinen Sohn Peter, meine Schwiegertochter Daniela, meinen Schwiegersohn Thomas, dank deren Unterstützung und Verständis es überhaupt möglich war, dieses Buch zu realisieren.

Danke an meinen verständnisvollen Mann Hanspeter, Dädi und Opa. Du hast es mit mir, dem Tohuwabohu, den vielen Fototerminen und Night-Sessions oft nicht leicht gehabt. Doch Liebe geht durch den Magen und früh übt sich, wer ein Meister werden will. Unsere Enkelkinder Victoria, Tom und Stella, die Köche von morgen, zeigen es uns.

Impressum

Herausgeber: Familie Lanig, Copyright © 2007 Silvia Lanig

Vertrieb durch Neuer Umschau Buchverlag GmbH, Neustadt an der Weinstraße
Produktion, Idee und Ausführung: Silvia Lanig
Layout: Petra Kuchenbecker, München
Fotos: Teubner Foodfoto, Odette Teubner (Schwangau), S. Gnehm (Zürich), M. Kaufmann (Bad Hindelang), Silvia Lanig (Oberjoch)
Lektorat: Christina Gärtner, Worms
Rezepte: Silvia Lanig, Stella Trümpi, Tom Trümpi, Victoria Lanig, Familie Lanig, Hotel Lanig Köchecrew (Oberjoch, Allgäu)
Druck: Graphische Betriebe Eberl GmbH, Immenstadt
Reproduktion: RGD Digitale Medientechnik, Langen

Wir bedanken uns für die freundliche Unterstützung der Firma Glückskäfer, Käfer und Partner GmbH, Reutlingen, www.glueckskaefer.de Les Pâtes à Sel, Le Castellet/FR, www.pateasel.eu und dem Hotel Lanig Resort & Spa, Oberjoch, www.lanig.de

Glückskäfer

Printed in Germany

ISBN: 978-3-86528-622-2

Die Ratschläge in diesem Buch sind von den Autoren und dem Verlag sorgfältig erwogen und geprüft, dennoch kann eine Garantie nicht übernommen werden. Eine Haftung der Autoren und des Verlages für Personen-, Sach- und Vermögensschäden ist ausgeschlossen. Alle Rechte der Verbreitung in deutscher Sprache, auch durch Film, Funk, Fernsehen, fotomechanische Wiedergabe, Tonträger jeder Art, auszugsweisen Nachdruck oder Einspeicherung und Rückgewinnung in Datenverarbeitungsanlagen aller Art, sind vorbehalten.

Da die Autorin Schweizerin ist, wurde oft die Schweizer Schreibweise angewandt.

www.lanig.de
www.umschau-buchverlag.de

RTHDAY
12
VICTO

Sweet
Queen